콘텐츠빨로
승부하는
SNS 마케팅

블로그 글쓰기부터 유튜브 셋업까지
공감콘텐츠 기획의 모든 것!

콘텐츠빨로 승부하는 >>> SNS 마케팅

조재형 지음

아틀라스
북스

필자가 SNS를 처음 시작할 때는 많은 사람들이 이런 고민을 했습니다.

'SNS상에서의 이웃맺기나 정보교환이 오프라인에서처럼 깊이가 있거나 신뢰할 수 있을까?'

그때만 해도 서로 직접 얼굴을 맞대고 부대끼며 얻는 관계나 정보를 더 신뢰할 수 있다고 생각했기 때문이죠.

그런데 지금은 그런 오프라인의 역할이 SNS로 대체되고 그 안에서 비슷한 흥미나 취미를 가진 사람을 훨씬 더 빠르고 많이 만날 수 있게 되면서, SNS상에서 생산되는 콘텐츠가 중요한 공감과 신뢰의 소통수단이 됐습니다. 1년에 한두 번도 연락하지 않는 먼 친척보다 실시간으로 소통하고, 원하면 만날 수도 있는 SNS 이웃이 더 낫다는 인식이 생긴 것입니다.

코로나 정국 이후 언택트가 일상화되면서 SNS의 위상은 더욱 높아졌습니다. 언택트는 단순히 '단절'의 의미보다는 오프라인에서의 행위나 참여의 빈도는 줄이되 한두 번의 만남과 경험에서 좀 더 가치 있고 밀도 있는 결과물을 얻으려고 노력한다는 뜻으로 해석되기도 합니다. 그런 의미에서 SNS에서의 관계관리와 정보교류가 필수적인 사회활동이 되고 있는 것이죠. 지금은 SNS를 비롯한 온라인이 오프라인을 움직인다고 느껴질 정도입니다.

 이처럼 이미 다양한 형태의 SNS 플랫폼이 우리 생활의 일부분이 됐습니다. 그리고 그 중요도나 다양성만큼 관련 서적과 콘텐츠가 헤아릴 수 없이 많이 나와 있습니다. 그 중에는 나름의 전문성을 바탕으로 실제 활용에 도움을 주는 책이나 콘텐츠도 있습니다. 반면에 특정 노하우만 외우거나 따라 하면 별 노력 없이 뭔가 쉽게 목표를 달성할 수 있다고 주장하는 내용도 다수 존재합니다. 주로 파워 블로거나 유튜버 등이 개인적으로 활용하는 팁 등을 단편적이고 기술적으로 알려주는 내용들입니다.
 예를 들어 유튜브를 처음 시작하는 사람이라면 제일 먼저 유튜브 키우는 법, 구독자 늘리는 법, 시청시간 늘리는 법, 유튜브 알고리즘 이해하기, 유튜브로 돈 벌기 등의 영상을 찾아보게 됩니다. 실제로 관련 영상을 검색해보면 몇백 권의 책으로도 설명할 수 없을 정도로 많은 분야별·단계별·상황별 노하우에 대한 자세하고 친절한 양질의 정보가 넘쳐나는데요, 이런 정보들을 접하면 당장이라도 SNS 채널 운영이나 마케팅 전문가가 될 듯한 착각에 빠지기도 합니다. 그런데 실제로 큰맘 먹고 해당 정보들을 공부하고 따라 해봐도 생각처럼 잘 되지는 않습니다.
 물론 일부 재능이 뛰어난 사람들은 남보다 빨리 자리잡기도 하지만 대부분 시작도 못하고 주저앉는 경우가 많습니다. 막상 SNS에 가입해서 콘텐츠를 만들려고 해도 어떤 주제와 내용으로 만들어야 할지 머릿속으로만 막연히 고민하다 결국 단 한 줄의 글이나 영상도 올리지 못하고 포기하기 일쑤입니다. 왜 그럴까요? 유명하고 성공한 유튜버나 블로거 등이 친절하게 알려준 노하우를 그대로 따라 했는데 그들처럼 안 되는 이유가 뭘까요?

　그런 영상이나 책에는 뭔가 중요한 것, 즉 알맹이가 빠져 있기 때문입니다. 성공한 유튜버나 블로거 등이 좋은 콘텐츠를 만들 수 있는 이유는 이미 상당 기간의 노력과 경험을 통해 핵심적인 능력을 터득했기 때문일 것입니다. 하지만 그런 이야기는 영상이나 책에서 잘 하지 않습니다. 아마도 너무 기본적인 능력이라 누구나 이미 갖추고 있다고 생각하기 때문이 아닐까 합니다.

　그러다 보니 영상이나 책을 보는 사람들은 알맹이가 뭔지는 모른 채 요령만 배우게 됩니다. 그리고 막상 SNS를 시작하고 나서야 자신에게 좋은 콘텐츠를 만들 능력이 없다는 사실을 알게 되는 것이죠.

　조회수, 클릭률, 시청시간, 구독자수, 알고리즘 등은 당연히 중요합니다. 하지만 이에 앞서 콘텐츠 자체가 볼 만하고 공감되고 정보가치적이어야 합니다. 즉, 콘텐츠 자체가 매력적이지 않으면 요령이나 노하우는 무용지물일 뿐이죠. 이는 마치 재료의 싱싱함과 맛이 담보돼야만 양념이 빛을 발해서 맛있는 요리가 되는 이치와도 같습니다. 재료가 부실하면 아무리 좋은 양념을 쏟아 부은들 좋은 요리가 될 리 없으니까요.

　SNS 채널운영의 기본 중의 기본은 일상에서 지속적으로 소재를 발굴하고, 거기에 자신만의 생각·의견·경험 등을 덧붙여서 정보이용자들의 관심을 이끌어내는 공감콘텐츠를 기획하는 근육을 키우는 것입니다. 쉽게 말해 어떤 이슈나 현상에 자신만의 색깔을 입혀서 글이나 영상 스토리로 만들어내는 능력을 키워야 한다는 것이죠.

양질의 콘텐츠에 대한 고민과 플랫폼 작동원리, 이용자 니즈 발굴 과정에 대한 근본적인 고민이 뒷받침되지 않는 단순 요령이나 기술은 SNS 알고리즘이나 운영정책이 조금만 바뀌어도 활용할 수 없으며, 결국 원하는 타겟 고객에게 콘텐츠나 제품, 서비스를 제대로 알리고 설득할 수 없기 때문입니다.

이 책은 단순히 개인적인 소통이나 기록을 위한 SNS 활동보다는, SNS 채널 운영을 통해 광고수입을 얻거나 연계 비즈니스를 활성화시키는 등 콘텐츠 자체로 수익을 창출하려는 독자들과, 현재 SNS를 통해 상품이나 서비스를 판매하거나 개인 브랜드를 홍보하고 있는 독자들, 심지어 중고나라·당근마켓 등에 중고 생필품 하나라도 제값 받고 팔기 위해 고군분투하는 독자들에게 필요한 '다수의 참여자에게 잘 어필할 수 있는 콘텐츠를 만들고, 마케팅을 통해 돈을 벌 수 있는 방법'에 대해 주로 다루고 있습니다.

이를 위해 SNS 콘텐츠의 세부적인 제작기술이나 노하우보다는, 어떤 형식의 SNS 콘텐츠를 만들더라도 다수의 정보이용자나 소비자들에게 이해하기 쉽고 정보가치적인 공감을 줄 수 있는 콘텐츠를 기획·생산해내는 기본기에 대해 실전 사례를 들어 주제별로 고민해보려고 합니다. 무엇이든 기본기, 즉 근본원리를 알아야만 직접 실행하거나 내 상황에 맞게 응용하고 확대 발전시킬 수 있기 때문입니다.

또한 타겟 고객에게 내 콘텐츠가 적확하게 노출되고 소비되려면 소비자 구매행동 프로세스 및 광고 미디어, SNS 플랫폼의 검색 알고리즘도 이해해야 합니다. 이를 위해 주요 키워드와 해시태그를 통해 고객 니즈를 발굴해서 콘텐츠에 적용하는 검색최적화 방법과 주요 SNS 플랫폼의 통계도구를 이용한 계량적 효과분석 방법에 대해서도 알아보겠습니다.

이와 관련해 유튜브 검색최적화와 관련한 내용은 최근 유튜브에 대한 높은 관심도를 감안하여, 유튜브 채널 운영 및 성장을 위한 핵심 노하우와 함께 별도의 장으로 구성했습니다. 기회가 된다면 유튜브 관련 내용만을 따로 정리하여 다시 한 번 독자들을 만날 수 있기를 바라겠습니다.

또한 각 장마다 '마케팅 에세이' 코너를 통해 일상 소재로 마케팅의 기초 개념을 쉽게 이해하도록 했습니다.

이 책은 필자가 CJ, LG, SK에서의 소비자 커뮤니케이션 경력과 주요 대기업, 다수의 스타트업, 소상공인, 대학생 등을 대상으로 진행했던 강의 및 멘토링 경험, 수년간 다양한 콘텐츠를 포털 메인에 노출시키며 네티즌들에게 공유되고 검증받은 SNS 인플루언서로서의 콘텐츠 제작 노하우와 마케팅 인사이트를 여러분이 아주 쉽고 편하게 읽을 수 있도록 구성했습니다.

이 책은 기업의 마케팅 담당자뿐만 아니라, 특히 다음과 같은 독자들에게 더 큰 도움이 될 것입니다.

① 1인 기업 또는 N잡을 원하는 독자

현재 직장을 다니고 있지만 투잡이나 부업을 원하는 독자, 지식판매, 강의, 출판, 컨설팅 등으로 무자본·소자본 창업을 원하는 독자, 매출이나 판매의 시스템화로 시간이나 공간의 제약없이 수입을 창출하는 디지털 노마드를 꿈꾸는 독자, 특히 강의나 개인의 이미지 및 능력을 바탕으로 전문 서비스를 영위하는 독자의 경우 반드시 SNS를 퍼스널 브랜딩의 주요 채널로 활용해야 합니다.

② 중소기업 및 소상공인, 자영업자

마케팅 자원을 충분히 활용하기 힘든 소상공인 및 1인 기업 운영자들에게는 합리적인 비용과 노력으로 일정 수준의 마케팅 효과를 달성할 수 있는 SNS 마케팅이 필수입니다.

그렇다고 사업자 본인이 직접 SNS 콘텐츠를 만들고 운영할 필요는 없습니다. 오히려 관련 업무를 직원이나 대행사에게 맡기고 사업자 본인은 고객관리나 재무관리 등 더 부가가치적인 일에 집중하는 편이 효과적입니다. 다만 그렇더라도 SNS 마케팅에 대한 최소한의 기본기는 갖추는 게 좋습니다. 그래야만 정확한 SNS 운영에 대한 가이드라인을 제시할 수 있을 뿐만 아니라 운영결과에 대한 효과측정 및 평가도 명확히 할 수 있기 때문입니다. 깨알 같은 보고서를 받아보면서 사업자 본인이 내용을 이해하지 못하거나 평가기준이 없다면 시간과 비용을 들여 SNS 채널을 운영할 필요가 없지 않을까요.

③ 마케팅 관련 취준생 및 예비 창업자

마케팅 분야를 목적으로 취업을 준비하는 독자라면 광고 마케팅의 주요 요소인 SNS 마케팅 지식을 습득해야 합니다. 예비 창업자들 역시 사업 초기에 사업 아이템(제품, 서비스)을 시장에 알리기 위해 SNS 마케팅에 대해 알아두는 것이 좋습니다.

이 책의 기대효과

- SNS 콘텐츠 제작에 대한 막연한 두려움이 사라집니다.
- 일상의 평범한 소재를 이용해 공감콘텐츠를 만들 수 있습니다.
- 나만의 견해나 색깔이 드러나는 콘텐츠를 만들 수 있습니다.
- 검색최적화를 통해 정보이용자 및 고객 니즈를 찾고 이를 콘텐츠에 적용하는 과정을 이해할 수 있습니다.
- 통계 리포트를 활용해서 계량적으로 SNS 채널을 관리할 수 있습니다.
- SNS를 통해 개인 브랜드 및 제품이나 서비스를 마케팅할 수 있습니다.
- 고객 니즈를 이해하는 마케팅 인사이트를 찾을 수 있습니다.

SNS 마케팅을 설명할 때는 아래 그림과 같이 크게 3가지 구성요소를 고려해야 합니다. 그런데 일반적으로는 SNS 마케팅에 대해 이야기하면서 각 플랫폼별 특징이나 활용방법에 대한 설명에 그치는 경우가 많습니다.

 물론 새롭게 생겨나고 변화하는 SNS 플랫폼 자체의 특징에 대해서는 반드시 이해할 필요가 있겠죠. 하지만 SNS 플랫폼을 콘텐츠를 실어 나르는 일종의 '운송수단(Vehicle)'이라고 본다면, 그 안에 포함되는 '콘텐츠' 자체를 이해하는 것이 그 무엇보다 중요합니다. 여기에 더해 '키워드(Keyword)'로 표현되는 소비자 니즈 발굴과정과 소

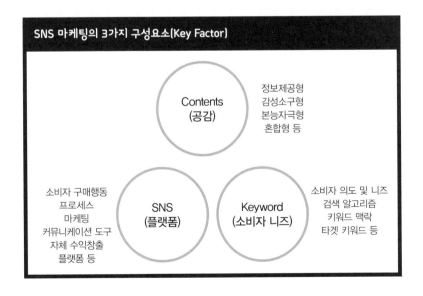

SNS 마케팅의 3가지 구성요소(Key Factor)

Contents
(공감)

정보제공형
감성소구형
본능자극형
혼합형 등

소비자 구매행동
프로세스
마케팅
커뮤니케이션 도구
자체 수익창출
플랫폼 등

SNS
(플랫폼)

Keyword
(소비자 니즈)

소비자 의도 및 니즈
검색 알고리즘
키워드 맥락
타겟 키워드 등

비자 구매행동 프로세스 변화과정 속에서 SNS플랫폼의 역할과 의미
또한 마케팅적으로 함께 고려돼야 합니다.

이 책에서는 위와 같은 기준에 따라 다음과 같이 내용을 크게 3개
의 범주로 나눠서 여러분이 이해하기 쉽게 설명해나가겠습니다.

① 소비자 공감콘텐츠 제작 가이드라인을 제공합니다

일방적인 광고와 달리 SNS 콘텐츠는 소비자 스스로 검색, 공유,
상호작용할 수 있도록 일반 소비자 눈높이에서 구성하고 만드는 것
이 중요합니다. 1장에서는 SNS 콘텐츠 제작에 대한 원리와 실제 사
례연구를 통해 이러한 소비자 공감콘텐츠를 제작하는 노하우에 대
해 알아보겠습니다.

② 키워드를 활용한 검색최적화에 대해 알아봅니다

SNS 마케팅의 가장 큰 특징 중의 하나는 모든 소비자의 니즈를 직
접 듣거나 표정을 읽지 않고도 편하고 쉽고 비용효율적으로 마케팅
을 할 수 있다는 데 있습니다. 온라인상에서는 대부분의 소비자가 생
각이나 욕구를 키워드나 해시태그 등으로 표현합니다. 따라서 SNS
마케팅에서는 키워드를 이해하고 활용하는 것이 소비자를 이해하고
니즈를 파악하는 근본적이고 중요한 작업이 됩니다.

이런 관점에서 2장에서는 여러분의 상품이나 서비스에 적합한 키
워드를 발굴하고 이를 콘텐츠에 적용시키는 검색최적화에 대해 알

아보겠습니다.

이와 함께 3장에서는 유튜브에서의 검색최적화와 유튜브 채널 성장 노하우에 대해 별도로 알아보겠습니다.

③ SNS 플랫폼의 역할에 대해 알아봅니다

4장에서는 소비자가 본인이 필요한 관심사를 검색해 특정 제품을 구매하고 사용후기를 주위에 공유하는 일련의 소비자 구매행동 프로세스 및 그에 따른 광고 커뮤니케이션 미디어의 변화과정을 알아보겠습니다.

이와 함께 이러한 변화과정 속에서 SNS 플랫폼의 등장이 소비자 구매행동을 어떻게 변화시켰는지 살펴보고, SNS 플랫폼 자체가 마케팅 수단을 뛰어넘어 수익을 창출하는 수단으로써 어떻게 자리매김했는지에 대해서도 알아보겠습니다.

차례

2장_. 타겟 키워드로 소비자 니즈 발굴하기

01 최적의 '키워드' 찾기는 이용자 관심사를 발굴하는 과정 · 158

02 키워드 발굴 프로세스는 이렇게 이루어진다 · 165

03 실전! 키워드도구 제대로 활용하기 · 172

4장__. 왜 SNS 플랫폼인가?

콘텐츠빨 살리는
공감콘텐츠 제작 노하우

모든 사람을 만족시키는 콘텐츠는 없지만, 많은 사람들의 '공감'을 불러일으키는 콘텐츠는 있습니다.

4장에서 설명할 소비자 구매행동 프로세스에 따른 SNS 플랫폼의 역할에서 핵심 키워드이기도 한 '공감'은 다음과 같이 크게 2가지 유형으로 나눠볼 수 있습니다.

① '정보를 제공하는 사람'에 대한 공감

평소 믿을 만한 회사·브랜드나 친구·지인·유명인·전문가 등에게서 제공받은 콘텐츠(정보)라면 공감할 확률이 높습니다.

② '정보' 자체에 대한 공감

정보나 콘텐츠 자체에 '공감을 입히는' 경우입니다. 1장에서 주로 다룰 내용이 바로 이 부분입니다. SNS를 마케팅 커뮤니케이션 도구로 활용할 때는 콘텐츠를 보는 사람들에게 필요한 정보가치적인 공감을 제공하는 것이 무엇보다 중요합니다.

콘텐츠나 정보를 제공하는 사람이 모르는 사람이라도 공감콘텐츠(정보)를 통해 소통한다면 해당 콘텐츠 제공자(정보원)를 점점 신뢰하게 만들 수 있습니다. 즉, '신뢰할 수 있는 정보원'과 '공감할 수 있는 콘텐츠(정보)'는 별개 요건이 아니라 SNS 채널 운영이나 마케팅에 있어서 떼려야 뗄 수 없는 불가분의 관계에 있는 것이죠.

신뢰감 있는 정보원을 통해 제공되는 공감콘텐츠는 'Like(좋아요)', 'Subscribe(구독)', 'Share(공유)'라는 SNS 필터링 시스템을 통해 타겟 고객에게 전달되고, 콘텐츠에 매력을 느낀 고객들의 자발적 방문과 재방문이 늘어나면서 궁극적으로 제품이나 서비스의 구매행동으로 이어지기 때문입니다.

결론적으로 '공감콘텐츠'는 낯선 상품이나 서비스에 대한 고객들의 정보탐색 비용을 줄여주고, 고객에게 신뢰를 제공하는 나침반 같은 역할을 한다고 볼 수 있습니다.

콘텐츠의 수준은
SNS답게 닿을 듯 말 듯하게

대중적인 SNS의 역할은 공통의 관심사를 가지고 있는 다수의 사람들에게 콘텐츠를 빠르고 쉽게 공유하게 하는 데 있습니다. 그렇다면 당연히 콘텐츠 역시 SNS다워야 하겠죠? 여기서 'SNS스러운 콘텐츠'란 이런 의미를 갖고 있습니다.

대부분의 참여자가 쉽게 이해하고 정보가치적인 공감을 느낄 수 있는, SNS상으로 교환·소통되는 디지털 정보의 통칭

이게 그렇게 어려운 일일까요? 너무 당연한 이야기 같지 않나요? 하지만 의외로 그렇지 못한 콘텐츠가 많습니다. 왜 그럴까요?

👍 SNS다운 콘텐츠를 만들기 어려운 2가지 이유

첫째, 자신의 관심사를 통해 나만의 장점만을 드러내고 싶어 하는 '인간의 본성' 때문입니다. 불특정 다수에게 공유되는 개방성을 지향하는 SNS에 '진정한 나'는 없는 경우가 많습니다. 대부분 자신이 좋아하는 주제에 대한 자신의 솔직한 생각을 소통하려 하기 보다는, 남들에게 보여주고 싶은 내용만을 고민해서 보여주는 경향이 강하기 때문입니다. 그러다 보니 멋진 글이나 화려한 사진·동영상 등으로 자신만의 생각이나 장점을 뽐내려고 합니다.

콘텐츠 제공자의 성향이나 커뮤니케이션 방식에 따라 정도의 차이는 있겠지만, 대부분 남들을 의식해서 콘텐츠에 힘이 들어갈 수밖에 없는, 'SNS 콘텐츠의 태생적 한계'를 겪게 되는 것이죠.

둘째, SNS를 마케팅 수단으로 활용하는 콘텐츠 생산자의 '공급자 마인드' 때문입니다. 기존 매스 미디어 광고 속성처럼 상품에 대한 일방적인 정보만 지속적으로 노출시키거나, 타겟 고객의 수준을 고려하지 않고 자신의 전문지식 등을 바탕으로 한 콘텐츠를 만드는 경우가 대표적입니다.

쉽게 생각해봐도 SNS를 통해 일방적인 제품광고나 전문가 수준의 전문정보를 보고 싶어 하는 사람은 많지 않겠죠. 특히 전문직 종사자가 매번 상세한 전문정보를 다루면서 논문이나 책 등의 관련 근거들을 제시하는 식의 콘텐츠를 제공하게 되면, 일반 사람들 입장에서는 내용이 지루하고 어렵기 때문에 끝까지 해당 콘텐츠를 소비하지 않게 됩니다. 정말 그런 전문적인 내용이 필요한 사람들은 바로 해당 분야의 전문가를 찾아가거나 전문적인 내용의 서적이나 매체를 통해서 원하는 정보를 얻으면 그만일 테니까요.

결국 SNS 콘텐츠의 핵심은 특정 제품이나 분야에 대한 전문지식이 부족한 일반인 누가 보더라도 쉽게 읽히고 이해되는 수준의 결과물을 만들어내고 소통하는 데 있습니다. 이는 소비자 구매행동 프로세스상에서 SNS 콘텐츠가 왜 구매결정에 중요한 방아쇠 역할을 하는지를 살펴보면 더욱 명확히 이해할 수 있습니다.

예를 들어 온라인에서 디지털 카메라를 구매하는 경우를 살펴볼까요? 이런 경우 일반적으로 소비자는 특정 제품에 대해 관심을 갖고 온라인에서 검색활동을 합니다. 그런데 검색하자 마자 바로 구매하지는 않습니다. 대부분 SNS를 이용해서 일련의 '참조활동'을 거치게 되죠.

여기서 한 가지 의문이 듭니다. 특정 제품을 만드는 브랜드의 홈페이지에 보면 해당 제품에 대한 기능, 제품사양, 사용법까지 아주 자세히 설명돼 있는데 왜 고객들은 홈페이지에서 직접 정보를 확인하거나 구매하지 않고 블로그, 유튜브 등의 SNS 콘텐츠를 '참조'한 다음 구매하는 걸까요?

이는 SNS가 개방·공유의 특징을 가진 '공감콘텐츠'를 포함하고 있어서입니다. 즉, 해당 제품에 대한 비슷한 관심이나 고민이 있는 고객이 SNS에서 제공하는 제품 관련 콘텐츠가 일방적인 홈페이지 정보보다는 훨씬 더 공감되고 설득력이 높게 다가오기 때문이죠.

👍 모든 정보가 있는데 왜 공감이 안 될까?

제품이나 브랜드 홈페이지에는 다양하고 상세한 정보가 있기는 하지만, 고객 입장에서는 해당 정보들이 모두 필요하지 않을뿐더러 오히려 관심 있는 부분에 대한 정보는 부족할 수 있습니다. 이에 비해 고객 스스로 관심 있는 부분에 대해 직접 검색해서 만나는 SNS 콘텐츠는 불필요한 정보를 장황하게 제공하는 홈페이지에 비해 더 깊이 있는 내용과 대안을 제공해줍니다. 그만큼 구매의사결정에 더 큰 도움이 될 수밖에 없죠.

또한 제품이나 브랜드 홈페이지에서 제공하는 정보는 객관적·계량적이기는 하지만 일반 소비자들 입장에서 해당 정보를 직관적으로 이해하기 어려운 측면이 있습니다. 반면에 SNS 콘텐츠의 경우 고객이 알고 싶은 정보들을 직관적으로 이해하기 쉽도록 제공해주기 때문에 최종 구매선택에 더 큰 영향을 미칠 수밖에 없습니다.

예를 들어 다음 쪽 상단 그림처럼 브랜드 홈페이지에서 제공하는 가로×세로×높이의 수치정보는 직접 줄자로 재보지 않는 한 어느 정도 크기인지 가늠하기 힘듭니다. 반면에 하단 그림처럼 SNS 콘텐츠를 통해 해당 제품을 손바닥에 올려놓거나 비슷한 크기의 다른 제품과 비교해놓은 사진이나 영상을 보면 어느 정도 크기인지를 직관적으로 알 수 있습니다.

색상 역시 텍스트(화이트, 화이트펄, 아이보리, 베이지 등)로 알려주는 홈페이지 정보보다는, 비슷한 색의 다른 제품 사진(예 : 흰색 도화지 위의 아이보리색 카메라)을 비교해서 제공하는 SNS 콘텐츠를 통해 보다

크기를 줄자로 직접 재보라고?	
촬영 기능	Eye AF / 얼굴인식 / 얼굴등록 / 동영상 녹화 중 정지 화상 저□ 퀵 내비 / 디지털 수평기 (pitch & roll) / WB 브라케팅 / DRO□ 제브라 / 마커 디스플레이 / 마이크 레벨 / 스텝 줌/퀵 줌 / 셔□ 드/유저비트 / 촬영자&저작권 표시 / ISO Auto 최저 셔터 속□ 레이 어시스트 / (영상)AF 추적 감도 / (영상)AF 드라이브 속□ 이 메뉴
재생 기능	BRAVIA Sync (HDMI 컨트롤) / 9/25 프레임 인덱스 뷰 / 자동□ (동영상) / 삭제 / 보호 / 모션 샷 비디오 / 뷰티 효과 / 사진 캡□
TRILUMINOS 컬러[16] / 4K 이미지 출력	지원 / 지원
동작속도 [17]	스타트업(약 1.4초) / 촬영 타임랙 (약 0.07초) / 촬영 간격(약□
크기 (W x H x D)	약 101.6x58.1x42.8 mm
무게 (CIPA 기준)	약 301g (배터리, 메모리 포함) / 약 274g (바디만)
기본 제공 액세서리	충전식 배터리 팩 NP-BX1, AC 어댑터, 마이크로 USB 케이블,□ 설명서

딱 보니 알겠네!

〈출처 : 소니 공식 홈페이지(상)〉

명확히 구별해서 이해할 수 있겠죠.

👍 닿을 듯 말 듯한 콘텐츠 수준의 의미

이런 사례들처럼 소비자 공감을 기반으로 하는 쌍방향 SNS 콘텐츠는 말 그대로 'SNS답게' 소비자의 눈높이를 고려해야 합니다. 이것이 일반 소비자와 같은 수준이나 그보다 낮은(쉬운) 수준의 콘텐츠를 만들라는 의미는 아닙니다. 콘텐츠의 수준을 일반 소비자들이 조금만 노력하면 '닿을 듯 말 듯한' 정도로 유지할 필요가 있다는 것이죠. 공감이 가는 콘텐츠라도 누구나 만들 수 있어서 정보가치가 떨어진다면 이를 애써 찾아서 소통하려는 소비자는 많지 않을 테니까요. 따라서 소비자의 눈높이를 고려하되, 콘텐츠에서 제공하는 정보의 수준은 소비자들이 조금만 노력하면 따라잡을 수 있는 정도에 맞추는 게 좋습니다.

예를 하나 들어볼까요? 쨍한 사진 콘텐츠를 많이 올리는 인스타그램을 봤는데 나중에 그 사진들이 최상위급 풀프레임 카메라로 찍었다는 사실을 알게 되면 대부분 이런 반응을 보입니다.

'그럼 그렇지, 카메라가 저렇게 좋으니…. 난 어차피 살 수도 없는걸 ㅜㅜ'

반대로 스마트폰으로 누구나 찍을 수 있는 평범한 사진 콘텐츠를 보면 어떤 반응을 보일까요? 말 그래로 콘텐츠가 평범하니 별 관심을 보이지 않겠죠. 물론 스마트폰으로 찍은 사진이라도 조금은 차별화된 구도, 색감 등 나만의 컨셉을 적용해서 찍는다면 그것 또한 차별화 포인트가 될 수 있습니다.

만약 그리 많이 비싸지는 않지만 특징 있는 카메라로 특색 있는 색감을 낸 사진 콘텐츠를 봤을 때의 반응은 어떨까요? 이런 경우 다음 쪽 사례처럼 '나도 저 카메라만 있으면 저 정도 수준의 사진은 찍을 수 있겠다'라는 생각으로 카메라 기종 등을 묻는 댓글을 달게

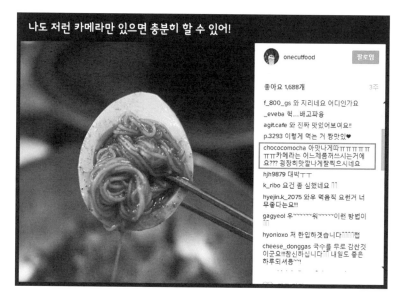

됩니다.

사실 '닿을 듯 말 듯한 수준'의 가이드라인을 무 자르듯 정량적으로 제시하기는 쉽지 않습니다. 간단히 설명하자면, 한 달에 한두 번쯤 만나서 고민도 털어놓고 이런 저런 얘기도 나눌 수 있는 서너 살 터울의 형이나 언니, 선배들에게서 직접 들을 수 있는 수준의 콘텐츠라고 할 수 있겠습니다. 즉, 너무 어려워도 너무 평범해도 안 되고, 소비자 입장에서 '저 정보는 내게 정말 도움이 될 것 같아. 노력하면 나도 저 정도는 배워서 따라 할 수 있을 것 같아'라는 생각이 들 정도의 수준으로 콘텐츠를 만들어야 한다는 의미입니다. 그래야 소비자나 정보이용자들이 해당 콘텐츠에 적극적으로 관심을 갖고 추종하게 되기 때문이죠.

예를 들면 누군가 내 키보나 높은 장롱선반 위에 내가 꼭 필요한 물건을 숨겨두었다고 가정해보겠습니다. 이런 경우 만일 해당 물건이 내 키보다 훨씬 높은 위치에 있다면 그냥 쉽게 포기하게 되지만, 까치발을 하거나 조금만 점프하면 손에 닿을 만한 위치에 있다면 해당 물건을 갖기 위해 몇 번이고 도전하는 것과 같은 이치라고 보면 됩니다.

소재는 범용적으로, 주제로 차별화하라

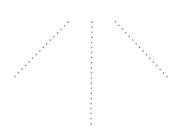

큰 맘 먹고 SNS를 시작하려고 인스타그램 + 버튼을 누르거나 블로그 본문 창을 열고 나면, 막상 어떤 콘텐츠를 만들어야 할지 막연하고 답답할 때가 많습니다. 왜 그럴까요? 가장 큰 이유는 자신의 생각이 제대로 정리돼 있지 않기 때문입니다.

글을 쓰든 사진이나 동영상을 찍든 실제 콘텐츠를 만들려면 '어떤 소재와 주제로 만들까'라는 사전기획이 선행돼야 합니다. 콘텐츠 분량이나 다양한 표현방식 등은 그다음에 고민할 문제이죠.

👍 잘못된 소재 차별화의 함정

'소재와 주제'는 학창시절에 공부할 때 누구나 들어봤을 단어이지만, SNS 콘텐츠를 만들기 위한 사전기획 단계에서 가장 중요한 요소인 만큼 그 의미를 나시 한 번 새겨보겠습니다.

'주제'는 SNS 콘텐츠를 만드는 '목적'이나 '의도'를 말합니다. 즉, 콘텐츠를 통해 정보이용자나 소비자들에게 전달하고 싶은 '대표적인 주장'이라고 생각하면 됩니다. 이에 비해 '소재'는 콘텐츠의 내용이 되는 '재료'를 말합니다. 결국 사전기획이란 'SNS 콘텐츠를 만들려는 사람 입장에서 자신이 생각하는 주장이나 목적(주제)을 정하고, 이를 전달하는 데 가장 알맞은 재료(소재)를 선택하는 단계'라고 보면 됩니다.

이런 주제와 소재를 정하는 데 있어서 사람들이 범하는 가장 큰 오류가 바로 '차별화의 함정'입니다. 내가 만들려는 콘텐츠가 이미 SNS 상에 너무 많이 존재해서 그것들과는 다른 무언가를 만들어야 한다

〈출처 : onecutfood 인스타그램〉

는 강박관념으로 자꾸 새로운 것만을 찾으려고 하는 것이죠.

그러다 보니 흔하고 익숙한 것들을 폄하하고 역차별하는 경향까지 있습니다. 이는 전에 없던 '창조 또는 발명' 수준의 콘텐츠만이 가치 있고 좋은 콘텐츠라는 오해에서 빚어진 결과가 아닐까요. 하지만 세상에 그 어떤 콘텐츠도 기존에 없던 것이 새롭게 생겨나지는 않습니다.

물론 그렇다고 해서 기존의 콘텐츠를 똑같이 베껴서 만들라는 의미는 아닙니다. 기존의 콘텐츠를 '재조합'하거나 그 안에서 '새로운 관점을 발견'해서 '나만의 색깔'을 입혔을 때 더욱 매력적인 콘텐츠로 재탄생시킬 수 있다는 의미입니다.

👍 평범한 소재에 나만의 색깔을 입히는 방법

모든 콘텐츠를 직접 경험해보고 만들 필요는 없습니다. 기존의 콘텐츠 중 자신이 생각하는 주제와 소재에 적합한 것들을 수집해서 타겟 이용자나 고객의 니즈에 맞게 재가공하고 편집해서 제공하는 것도 좋은 방법이 될 수 있습니다.

특히 자신이 해당 분야에 대한 전문지식이 부족한 경우에도 얼마든지 콘텐츠를 만들어낼 수 있습니다. 자신과 마찬가지로 해당 분야를 모르지만 관련 정보를 얻고 싶어하는 이용자나 고객들을 대신해서 정보를 찾아내고 정리한 다음, 자신의 생각이나 주장을 덧붙여 제공하면 되기 때문이죠. 이러한 재가공 콘텐츠로 가장 많이 활용하는 것이 특정 테마별로 중요한 내용을 모아서 정리하는 일종의 '리스트업' 방식입니다. '환절기 건강에 좋은 음식 5가지', '겨울에 꼭 방문해야 히는 여행지 10신', '찌개와 살 어울리는 3가지 반찬' 등의 콘텐츠가 대표적인 사례입니다.

리스트업 방식은 갑자기 사회적 관심을 끄는 이슈 콘텐츠를 제공할 때도 아주 유용합니다. 이슈의 당사자 및 사회 각계각층의 다양한 의견을 한데 모아서 보여주는 식이죠. 이런 콘텐츠를 보는 사람들은 각각의 이슈를 따로 찾아야 하는 정보탐색 비용을 줄일 수 있고, 짧은 시간에 해당 이슈의 내용을 전체적으로 파악할 수 있으므로 콘텐츠 소비시간을 절약할 수 있게 됩니다.

이런 이유로 요즘은 블로그뿐만 아니라, 유튜브에서도 이미 나와 있는 유명 유튜버들의 콘텐츠나 댓글 등을 참고해서 관련 정보를 특정 목적에 맞게 재결합시켜주는 콘텐츠만을 다루는 이슈정리 분야가 하나의 카테고리로 정착되고 있습니다.

👍 소재 선택은 SNS 특성에 맞게 범용적으로

만약 매번 콘텐츠를 새로운 소재로 만든다면 어떤 문제가 생길까요? 무엇보다 SNS 플랫폼의 가장 큰 특징 중 하나인 '날마다 꾸준히 소통하기'가 어려워집니다. 한두 번 정도는 신기하고 특이하게 구성해서 치고 빠지는 일회성 콘텐츠를 만들 수 있겠죠. 하지만 SNS 특성에 따라 일정 기간 꾸준히 생산해야 하는 콘텐츠를 매번 세상에 없던 소재로 만들기는 거의 불가능합니다.

또한 이럴 경우 새로운 소재를 고민하고 찾아내는 데 상대적으로 많은 시간이나 비용이 들 수밖에 없습니다. 더구나 새롭고 차별화된 소재라는 것 자체가 바꿔 말하면 일반 사람들에게는 잘 알려지지 않은 소재라는 점에서 대중성이나 공감성을 확보하기 힘들 수 있습니다.

따라서 쉽고 편리하며 대중성에 기반한다는 SNS 플랫폼의 특성을 고려했을 때 콘텐츠의 '소재'는 범용적이며 일반 사람들이 관심 있어 하는 분야가 좋습니다. 즉, 일반적이고 상식적이며 내 주위에서 쉽게 일어나거나 일어날 만한 콘텐츠를 선택할 필요가 있다는 것이죠. 우리나라의 SNS 이용자들이 대부분 선호하는 대표적인 카테고리는 이렇습니다.

TV 프로그램, 연예인, 패션·뷰티, 맛집·요리, 키즈, 여행, 일상, 게임, 교육·강의 등

SNS 채널이나 연령별 선호도 차이가 있긴 하지만, 일반적으로 이

미지나 시진 위주로, 주로 여성들이 활용하는 인스타그램의 경우 패션·뷰티 분야가 인기가 많고, 영상을 주로 다루는 유튜브의 경우 강의·교육·게임 등의 카테고리가 상대적으로 인기가 많습니다. 실제로 이 카테고리 내의 콘텐츠가 전체 콘텐츠에서 차지하는 비중이 막대합니다.

SNS를 처음 시작할 때 공감콘텐츠를 효과적으로 만드는 방법이 바로 위와 같은 카테고리를 주요 소재로 활용하는 것입니다. 군이 이런 소재를 배제하고 콘텐츠를 만든다면 한정된 타겟만을 대상으로 소통할 수밖에 없기 때문이죠. 따라서 콘텐츠 컨셉을 정할 때는 반드시 해당 컨셉에 관심 있는 '타겟의 규모'를 고려해야 합니다.

물론 콘텐츠 제작자에게 법률, IT, 광고 마케팅 등 특정 분야에 대한 전문지식이 있다면 관련 콘텐츠를 꾸준히 만들어낼 수는 있습니다. 하지만 이런 경우에도 초기에는 좀 더 범용적인 소재의 콘텐츠로 타겟범위를 넓히는 게 좋습니다. 그런 다음 전문분야로 세부 콘텐츠를 확장하는 단계별 전략을 활용하는 것이 효과적입니다. 다만 보다 적확한 고객 타겟팅을 원한다면 SNS보다는 해당 전문분야를 다루는 특정 커뮤니티나 전문매체를 마케팅 커뮤니케이션 수단으로 활용하는 방식이 훨씬 더 효과적일 수 있습니다.

👍 범용적 소재에 '주제'라는 생명력 입히기

그런데 위에서 이야기한 대로 인기 있고 대중적인 '소재'를 활용한 콘텐츠는 역설적으로 기존의 다른 콘텐츠들과 '차별화'돼야만 '생명력'을 갖게 됩니다. 이때 차별화 대상은 콘텐츠의 '소재'가 아니라 콘텐츠를 통해 만든 사람이 드러내려는 생각이나 의도, 즉 '주제'라는 사실이 중요합니다. 즉, 콘텐츠의 재료가 되는 소재는 사람들이 좋아할 만한 익숙한 것을 활용하되, 그 소재를 통해서 전달하고자 하는 콘텐츠의 '주제'에는 만든 사람의 색깔이 제대로 녹아들어가야 한다는 것이죠.

한 예로 필자가 포스팅한 '군산 이성당빵집에서 본 동네빵집의 우직한 반란'이라는 콘텐츠를 들어보겠습니다. 필자는 이 콘텐츠에서 일반 사람들이 관심 있어 하는 '맛집(빵집)'이라는 소재를 활용했지만, 내용은 단순히 빵집을 소개하는 식으로 포스팅을 하지 않았습니다.

해당 콘텐츠의 주된 내용은 '오랜 제빵 노하우, 색깔 있는 상품 구색, 합리적인 가격을 갖추고 정부의 정책지원이 결합된다면 지역 빵집도 대기업 프랜차이즈의 무차별 공세에서 충분히 살아남을 수 있다'였습니다. 많은 사람들이 관심을 보일 만한 '우리나라 최초의 근대 빵집인 군산 이성당'이라는 소재를 활용해서 대전의 성심당, 목포의 코롬방 제과점 등과 같은 '지역 골동빵집 살리기'라는 주제를 드러낸 것이죠.

이러한 콘텐츠를 만들기 위해서는 '주제'에 몇 가지 요건이 충족돼야 합니다.

먼저 주제는 소재와 달리 '구체적'이고 '명확한' 것이 좋습니다. SNS 콘텐츠의 평균 길이(분량)를 고려했을 때 주제를 너무 광범위하게 잡으면 콘텐츠 완성도가 떨어지고 의미가 불분명해지기 때문입니다. 따라서 구체적이고 명확한 주제에 만든 사람의 목적이나 주장이 명확히 빈영될수록 확실한 차별화가 가능합니다.

또한 주제는 만드는 사람의 '능력에 맞게' 잡아야 합니다. 주제에 대한 사전지식이나 경험이 부족한 상태에서 콘텐츠를 만들게 되면 가치 있는 정보를 제공하지 못하거나 공감하기 어려운 콘텐츠가 만들어지기 때문입니다.

정리하면, SNS 공감콘텐츠를 만들려면 반드시 사전에 '소재'와 '주제'를 고민해야 하며, 많은 사람들에게 익숙하고 범용적인 '소재'로 콘텐츠를 구성하되, 콘텐츠의 모든 내용은 하나의 차별화된 나만의 '주제'로 모이게 해야 합니다. 즉, SNS 콘텐츠 만들기는 '소재'를 통해 대중성을 확보하고, '주제'를 통해 차별성을 확보하는 과정인 것이죠.

단순정보 나열이 아닌
나만의 스토리를 추가하라

앞서 살펴봤듯이 기본적으로 콘텐츠의 주제가 뚜렷하면 기존의 다른 콘텐츠와 확실히 차별화되는 나만의 색깔(주장이나 의견)을 드러낼 수 있습니다. 하지만 사람들이 관심 있어 하는 카테고리에서 기존 콘텐츠와 차별화되는 나만의 콘텐츠를 만들기는 결코 쉽지 않습니다.

예를 들어 유명 맛집을 소재로 콘텐츠를 만들려고 할 때 가장 먼저 좌절하게 만드는 현실이 이미 해당 맛집에 대한 유명 블로거, 영향력 있는 인플루언서의 콘텐츠가 넘쳐난다는 것입니다. '이미 유명한 사람들이 만든 수없이 많은 콘텐츠가 있는데 지금 내가 같은 소재로 콘텐츠를 만드는 게 무슨 의미가 있을까?' 하는 생각이 들 수밖에 없습니다.

그런데 자세히 들여다보면 맛집에 대한 기존 콘텐츠들의 초식은 전형적으로 일정한 수순을 따르고 있음을 알 수 있습니다. 먼저 간판

너무 많이 봐왔던 맛집 초식 아닌가

을 보여준 다음, 손님이 북적이는 풍경, 메뉴판과 가격, 주요 음식 클로즈업 샷, 위치 지도 등을 순차적으로 보여주는 식이죠. 후발주자로서 이런 초식을 따를 경우 해당 맛집의 음식이 바뀌지 않는 한 그저 따라 하기 콘텐츠가 될 수밖에 없습니다.

최근에는 인스타그램을 통한 사진 콘텐츠가 부각되면서 실제 음식의 맛과 퀄리티보다는 지나치게 비주얼에만 집중된 콘텐츠들이 횡행하고 있기도 합니다. '1m 길이의 갈치구이, 껍질만 거대한 조개찜, 각종 재료를 필요 이상 구겨 넣은 대형 김밥' 등이 대표적인 사례들이죠.

👍 뻔한 콘텐츠를 차별화된 공감콘텐츠로 변신시키는 노하우

이런 상황에서 같은 소재를 나만의 새로운 콘텐츠로 재탄생시키려면 '스토리'를 활용하는 것이 좋습니다. 똑같은 메뉴에 비슷한 사진을 활용하더라도 해당 맛집만의 '고유한 무언가'가 더해진다면 완전히 다른 콘텐츠로 변신시킬 수 있습니다.

이를 위한 가장 좋은 방법은 적극적으로 '인터뷰를 활용'하는 것입니다. 인터뷰라고 해서 정식 방송처럼 대단한 형식을 갖출 필요도 없으며, 해당 맛집의 숨겨진 이야기나 히스토리, 대표 음식에 대한 노하우 등을 편하게 묻고 답하는 과정 정도로 생각하면 됩니다.

이와 관련한 필자의 사례를 하나 들어보겠습니다. 필자가 다니던 회사 근처에는 김밥가게가 두 군데 있었습니다. 그런데 유독 한 군데만 손님들이 항상 줄을 서서 먹을 정도로 인기가 좋았습니다. 필자도 소문을 듣고 해당 가게를 가 봤는데 맛도 괜찮고, 곁들여 나오는 반찬도 푸짐하고, 사장님 내외분도 아주 친절해서 '과연 사람들이 줄서서 먹을 만한 맛집이구나'라는 생각이 들더군요.

그래서 몇 번을 블로그에 포스팅하려고 고민했지만 한 달이 넘도록 콘텐츠를 만들 수가 없었습니다. 김밥 맛을 직접 경험하지 못한 사람들에게 필자가 느낀 점을 어필하는 데 한계를 느꼈기 때문입니다. 기껏 보여줄 게 김밥 사진뿐인데, 아무리 잘 찍어도 결국 흔한 김밥 사진일 뿐이라는 생각이 들더군요. 그런 사진만으로는 그 가게만의 매력을 충분히 표현할 수 없을뿐더러, 다른 포스팅과의 차별화는 더욱 어려울 것 같았습니다.

아무리 맛있게 찍어도 '김밥'은 '김밥'일 뿐

그러던 어느 날, 점심시간이 지나고 한가한 시간에 그 김밥집을 들를 기회가 있었는데, 그때 사장님께 이렇게 물었습니다.

"이 김밥가게는 왜 이렇게 인기가 좋아요? 무슨 특별한 비법이나 사연이 있나요?"

그러자 사장님이 뜻밖의 사연을 들려줬습니다. 그 사장님이 김밥가게를 처음 시작할 때 같은 동네에 이미 유명한 김밥가게가 있었다고 합니다. 그 가게는 주변 회사에 주기적으로 김밥을 납품하고 있었는데, 공급물량이 부족해서 그 사장님 가게에 김밥을 공급해달라고 요청했다고 합니다. 그래서 사장님은 가게 문을 연 지도 얼마 안 됐고 해서 열심히 만들어 공급했는데, 해당 회사에 맛있다고 입소문이 나서 주문이 점점 많아지는 바람에 몇 년을 계속 납품했었다는 사연이었습니다. 즉, '김밥집에 김밥을 판매한 셈'이었습니다.

필자는 이 이야기를 듣고 나서 몇 달 전 찍어놓은 김밥 사진과 함께 이런 제목을 달아서 콘텐츠를 만들었습니다.

다른 김밥집에서도 사간다는 OO김밥의 비밀

그 결과 단 하루만에 10만 명 이상의 조회수를 기록할 만큼 폭발적인 반응을 얻었습니다.

콘텐츠로 김밥의 맛을 보여줄 수는 없습니다. 하지만 김밥 사진에 사장님 인터뷰를 통한 '스토리' 하나를 추가하는 것만으로도 '얼마나 맛있는 김밥이기에 다른 김밥가게에서까지 사갔을까' 하는 사람들의 호기심과 맛에 대한 상상력을 자극함으로써 기존 콘텐츠들과 차별화되는 매력적인 콘텐츠로 재탄생시킬 수 있는 것이죠.

또 하나의 사례를 들어보겠습니다. 필자의 동네에 허름한 백반가게가 하나 있습니다. 언뜻 보면 일반 백반집과 크게 달라 보이지 않는데도 맛집으로 소문나 있었습니다. 대여섯 가지 반찬에 가격은 5천 원 정도였으니, 굳이 겉으로 드러나는 장점을 말하자면 다른 가게에 비해 가격이 좀 저렴하다는 정도였습니다.

필자가 직접 찾아가서 먹어보니 백반정식에 나오는 반찬들이 너무 맛있고, 사장님도 친절했습니다. 그런데 이때도 막상 포스팅하려고 보니 마땅히 표현할 방법이 떠오르지 않았습니다. 고민 끝에 이번에도 사장님과의 인터뷰를 시도했습니다.

당시 필자는 '이 가게의 반찬은 뭔가 재료도 신선하고 참 맛깔스럽다'라고 운을 뗐을 뿐인데, 사장님이 '식당을 하기 전에 이미 17년 동안 반찬가게를 했었고, 지금도 자신과 남편의 고향인 순창과 해남

이 정도 집밥 수준의 백반집이라면?

에서 대부분의 식재료를 공급받아서 직접 반찬을 만든다'라는 사연을 들려주더군요.

필자는 '그러면 그렇지, 17년 반찬가게 내공에 산지에서 직접 공수한 신선한 재료로 만든 반찬이라면 맛이 없는 게 오히려 이상하지 않은가'라는 생각으로 이런 포스팅 제목을 잡았습니다.

17년 반찬가게의 내공이 깃든 강남 오천원 정식 훌륭해

이 포스팅 역시 많은 사람들에게서 폭발적인 관심을 받을 수 있었습니다.

비단 맛집뿐일까요? 특정 요리를 콘텐츠로 만든다면 해당 요리에 담긴 사연이나 만든 사람과 그 요리에 대한 추억을 함께 담아낼 수 있고, 여행 콘텐츠라면 단순히 즐겁고 재밌어 보이는 사진을 보여주는 방식에서 벗어나 함께 여행한 사람과의 인연이나 스토리를 적절히 녹여낼 수 있습니다.

이처럼 특별한 주제를 뽑아내기 힘든 주제라고 해서 단순히 드러나는 정보를 일방적으로 나열하는 방식은 지양할 필요가 있습니다. 그 주제 속에 담긴 뒷이야기나 그와 관련된 사람에 대한 의미 있는 스토리를 가미해서 사람들의 마음을 꿈틀대게 하는 나만의 콘텐츠를 만들어야 합니다.

SNS 글쓰기,
이것만은 알아두자!

SNS 플랫폼의 변화와 모바일 대중화에 따라 SNS 콘텐츠 양식도 텍스트(블로그), 이미지(인스타그램), 동영상(유튜브) 또는 여러 포맷을 동시에 활용하는 리치 미디어 형식으로 발전해나가고 있습니다.

최근에는 젊은층을 중심으로 인스타그램과 유튜브가 상대적으로 활성화되면서 텍스트만으로 표현하기 어려운 내용이나 과정을 사진이나 동영상으로 보여줌으로써 같은 정보를 더 쉽고 직관적으로 전달할 수 있게 됐습니다.

그런데 동영상의 경우 상대적으로 제작에 품이 많이 들고, 문자정보에 비해 기동성이 떨어지는 단점이 있습니다. 정확한 정보를 비교적 짧은 시간에 제공하거나, 추상적인 개념에 대한 설명이나 해석이 필요한 경우 영상 콘텐츠에 비해 문자정보가 더 유리한 측면이 있기 때문이죠.

또한 특정 서비스나 제품영역에서는 텍스트 위주의 콘텐츠로 신뢰감을 제공할 필요도 있습니다. 예를 들어 건강 관련 정보 및 제품, 법률 서비스, 경제정보 등은 사진이나 동영상 포맷보다는 텍스트나 텍스트와 사진을 조합하는 방식 등을 활용했을 때 좀 더 정확하고 효과적으로 전달할 수 있습니다.

또한 주로 사진이나 영상 콘텐츠를 활용하는 SNS 플랫폼에서도 간략한 설명이나 제목, 자막 등은 여전히 문자로 표현하고 있습니다. 유튜브 역시 최종 결과물은 영상이지만, 영상을 기획하고 내용을 전개하는 데 있어서는 결국 글(대본)을 잘 쓰고 이야기를 풀어내는 능력이 중요하다고 할 수 있습니다. 플랫폼과 관계없이 사람들이 원하는 정보를 검색할 때 주로 활용하는 키워드나 해시태그 또한 텍스트로 이루어져 있습니다.

이처럼 SNS 플랫폼에 따라 활용 정도의 차이는 있지만, 문자를 통해 표현되는 콘텐츠는 여전히 중요한 영역을 차지하고 있습니다. 결국 글쓰기는 어떤 플랫폼을 어떤 목적으로 활용하든 반드시 꾸준히 연습해서 실력을 갖춰야 할 기본적인 능력이라고 볼 수 있습니다.

👍 글쓰기의 핵심은 설득과 공감 얻기

글쓰기의 핵심 목표는 '의미전달'에 있습니다. 그러려면 글이 쉽고 명확하고 간결할수록 좋습니다. 내가 쓴 내용이 모호하고 장황해서 정보이용자나 고객들이 이해하지 못한다면 소통수단으로써 아무 기능도 할 수 없기 때문이죠.

사실 글쓰기라고 하면 막연히 어렵고 힘든 일이라고 생각하는 경향이 있습니다. 아마도 글쓰기를 여전히 '공부'라는 관점에서 생각하기 때문이 아닐까 싶은데요, 이런 경우 글쓰기에 대한 마인드셋을 '자신의 생각이나 경험을 남들에게 알리기 위한 하나의 수단일 뿐'이라고 바꿀 필요가 있습니다.

이렇게 '글쓰기'에 대한 마인드셋을 바꿨다면 이제 '어떻게 하면 글쓰기를 잘할 수 있을까'를 고민해야 합니다. 특히 SNS 글쓰기의 핵심은 단순히 잘 쓰는 것이 아니라, '어떻게 하면 남들에게 주목받으며, 그들을 설득시키고 공감을 얻어낼 수 있을까'에 있습니다.

세상 모든 일이 그렇듯 첫술에 배부를 수는 없겠죠. 하지만 지금부터 설명하는 최소한의 '글쓰기' 원칙을 마음에 담고, 단어 선택 하나부터 시작해서 한 문장 한 단락을 완성해나가다 보면 좀 더 빠른 시간 내에 글쓰기 잠재력을 키워나갈 수 있습니다.

👍 주제와 논거는 구체적이고 명확히

글쓰기는 '어떻게 하면 잘 쓸까' 보다는 '어떤 주제로 쓸 것인지'를 먼저 결정해야 합니다. 특히 콘텐츠를 만든 사람의 생각이나 의견이 '주제'를 통해 전체 콘텐츠에서 일관되게 표현돼야 하므로, 의미가 모호하거나 범위가 넓은 주제보다는 구체적이고 명확한 주제가 좋습니다.

예를 들어 다음 2가지 문구를 비교해보면 후자가 비교적 명확한 주제(학교폭력)를 갖고 있음을 알 수 있습니다.

우리나라 교육제도의 문제점과 개선방향 VS 학교 폭력 부추기는
학교와 부모가 더 문제

전자처럼 주제의 범위가 넓고 모호하면 SNS 콘텐츠로 다루기가
상대적으로 어려울 수밖에 없습니다.

주제가 결정됐다면 막연히 자신의 생각을 일방적으로 주장하기
보다는 해당 주제에 대한 2~3개의 핵심 논거를 일목요연하게 정리
해줘야 합니다. 이때 '논거'는 말 그대로 주장이나 의견을 뒷받침하
는 논리적 근거이므로, 주제에서 벗어나지 않게 일관성이 있어야 하
며, 논거 간 중복되는 내용이 없어야 합니다. 여기에 정량적인 데이
터, 객관적인 보도자료 등을 활용하거나 해당 분야의 권위 있는 전문
가의 코멘트 등의 논거를 덧붙이면 더욱 글의 신뢰감을 줄 수 있습
니다.

예를 들어 위의 사례처럼 주제를 '학교폭력'으로 정했다면 다음과
같은 논거들을 제시함으로써 주제를 더욱 신뢰감 있게 부각시키는
논리전개가 필요합니다.

- 출산율 감소에 따른 한자녀 가정의 증가 및 신세대 부모들의
  가치관 변화에 따른 가정교육 부재
- 교육자들의 인성 및 자질 부족
- 입시 위주 학교 행정이 빚어낸 결과 등

👍 좋은 콘텐츠의 기본은 자료수집

글을 쓸 때 가장 많은 시간이 필요한 일이 관련 자료를 모으고 아이디어를 정리하는 것입니다. 반대로 생각하면, 자료만 잘 수집해도 글쓰기의 70% 이상은 끝났다고 볼 수도 있습니다. 앞서 얘기했듯이 글쓰기를 명확한 주제를 정해서 근거를 제시하고, 글(주장)의 타당성을 입증하는 일련의 과정이라고 본다면, 이런 과정을 뒷받침하는 자료를 얼마나 잘 모으고 적용하느냐에 따라 좋은 글의 성패가 달려있다고 할 수 있습니다.

대부분 위와 같이 자료를 찾고 정리하는 과정에서 주제가 더욱 공고해지며, 자료와 생각들이 상호작용하는 과정에서 전체 글의 밀도가 높아지고 좋은 글이 완성됩니다.

예를 들어 앞서 사례로 든 '학교폭력'이라는 주제에 대해 다음과 같이 객관적이고 계량화된 그래프나 표, 통계자료 등을 제시하면 더욱 완성도 높은 글이 될 수 있습니다.

최근 10개년 출산율 데이터 / 가정교육 부재에 따른 사회문제 사례 / 교사 임용 프로세스상에서의 인성검증 유무 데이터 / 대학입시 결과에 따른 중·고교의 서열화 자료 등

👍 글은 짧고 쉽고 간결하게

　처음 글을 쓰는 사람들이 가장 범하기 쉬운 오류 중 하나가 '자신의 생각을 한없이 늘어놓는 것'입니다. 무언가 자세하게 구구절절 써야만 사람들이 더 쉽게 이해한다고 생각하기 때문이죠. 하지만 무작정 길게 늘려 쓴 글은 산만하고 재미없는 콘텐츠일 뿐입니다. 하고 싶은 얘기가 많더라도 버릴 건 과감히 버리고 필요한 재료만을 알맞게 배치하는 것이 중요합니다.

　글은 짧을수록 사람들이 이해하기 쉽고 의미가 분명해집니다. 간결하고 깔끔하게 글을 쓰고 싶다면 다음 내용을 참조해서 꾸준히 훈련할 필요가 있습니다.

　구글의 머터리얼 디자인(Material Design)에서는 사용자의 가독성을 높이기 위한 이상적인 글줄(line)을 제시하면서, 한 문장의 평균 글자수를 40자 이상으로 하되 60자를 넘기지 않는 것이 이상적이라고 권고합니다. 40자 이하는 SNS상에서 글의 줄수가 너무 늘어나고 폭이 좁아지며, 60자 이상은 너무 옆으로 길어져서 읽기에 부담이 된다는 취지입니다.

　한 문장에 여러 개의 주어와 미사여구를 포함시키는 복문도 피하는 것이 좋습니다. 자칫 글이 지루해지고 주어와 서술어의 호응에 문제가 생겨 비문이 되기 쉽기 때문입니다. 또한 수식어는 수식대상에 가깝게 배치할 필요가 있고, 동사는 되도록 피동형보다는 능동형 동사를 활용하는 것이 좋습니다.

　아울러 딱딱한 문어체보다는 대화를 나누는 듯한 직설적인 구어체로 된 쉽고 간결한 단문을 활용하는 것이 좋습니다. 특히 SNS 콘텐츠는 특정 전문지식을 원하는 소수의 타겟이 아니라, 일반 상식을 가진 다수의 대중을 타겟으로 한다는 점에서 더욱 이런 점에 유의해야 합니다.

👍 중요한 내용을 맨 앞으로

첫 문장에서 콘텐츠의 전체적인 윤곽을 잡아야 합니다. 그래야 보는 사람들이 초반에 콘텐츠 전체 내용에 대한 감을 잡고 계속해서 글을 읽을지를 결정하기 때문이죠. 따라서 앞부분에 가장 중요한 정보를 쓰고 뒤로 갈수록 덜 중요한 내용을 나열하는 식으로 작성하는 방식이 좋습니다. 다시 말하면 앞부분에서 결론을 먼저 도출하고 부연설명은 중·후반부에 배치하라는 의미입니다.

이래야만 결론을 이끌기 위해 불필요하고 중요하지 않은 얘기를 주저리주저리 늘어놓아서 글이 길어지는 상황을 피할 수 있습니다. 또한 보는 사람들에게 글을 전부 읽지 않아도 쉽고 빠르게 콘텐츠를 이해시키는 효과도 얻을 수 있습니다.

👍 본인만의 의견이나 주장 덧붙이기

일반적인 뉴스나 정보에 비해 SNS 글쓰기가 가져야 할 가장 큰 차이 중 하나는 정보이용자들에게 익숙하고 공감이 가도록 작성해야 한다는 점입니다. 따라서 SNS 글쓰기는 남이 써놓은 정보나 사실을 그대로 나열하는 식으로 해서는 안 되며, 현상이나 사실에 대한 나만의 관점이나 생각이 글에 충분이 묻어 나오게 작성해야 합니다. 물론 이미 나와 있는 뉴스나 정보를 글쓰기 재료로 활용하는 방식은 얼마든지 가능합니다.

한 예로 필자가 포스팅한 '아동출입금지식당, 인기대폭발 이유 알고 보니'라는 포스팅을 들어보겠습니다. 해당 포스팅은 〈워싱턴 타임즈〉에 보도된, '6세 미만 아동 출입금지라는 팻말을 써 붙인 필라델피아의 한 식당에 손님들이 줄을 서고 있다'라는 기사내용을 토대로 작성했습니다.

관련 기사를 글쓰기 재료로 활용했지만, 우리나라에서도 문제되고 있는 '공공장소에서 무례한 아이들과 이를 수수방관하는 부모들의 문제'를 주제로 삼았고, 결론적으로 '아이들 기 살리기만큼이나 다른 사람들의 권리도 중요하다'라는 이야기를 하려고 했습니다. 그리고 '공공장소에서의 에티켓이나 잘못한 일에 대한 정당한 꾸짖음 등은 아이의 미래를 위해서도 반드시 필요하다'라는 필자의 의견으로 포스팅을 마무리했습니다.

이런 사례처럼 똑같은 현상이나 사실이라도 나만의 의견이나 생각을 덧붙임으로써 사람들의 공감을 불러일으키는 매력적인 콘텐츠로 재탄생시킬 수 있습니다.

👍 일단 써보고 나서 점검 · 보완하기

꾸준함과 지속성은 SNS 콘텐츠의 중요한 특징 중 하나입니다. 하지만 날마다 글을 쓰다 보면 영감이 떠오르지 않거나 글이 잘 써지지 않을 때가 있기 마련인데요, 이럴 때는 '그냥 써 보는 것'도 좋은 방법이 될 수 있습니다. 평소에 비해 글 쓰는 시간이 좀 더 걸리거나 글 전개에 어려움을 겪을 수도 있지만, 일단 쓰기를 시작하는 것만으로도 글쓰기의 50%는 완성됐다고 볼 수 있습니다.

그럼에도 불구하고 글의 전개가 막힐 때는 약간의 요령이 필요합니다. 예를 들면 기존에 모아 놓은 자료, 아이디어, 목차 등을 다시 한 번 모니터링해보거나, 주제와 가장 밀접한 단어(키워드)로 검색해서 주요 토픽 위주로 훑어 보면 자연스럽게 아이디어가 떠오르는 경우가 많은데요, 그러면 해당 아이디어로 글을 시작할 수 있습니다.

글은 시작만큼이나 마무리도 중요합니다. 물론 처음부터 글을 완벽하게 쓰기는 쉽지 않습니다. 따라서 단어와 표현, 문장구조, 논리 전개 등 글의 전반적인 흐름을 꼼꼼하게 다듬고 고치는 과정을 반복해봄으로써 글의 완성도를 높이는 훈련을 꾸준히 해나가야 합니다.

이렇게 글쓰기 능력을 향상시키는 6가지 방법에 대해 알아봤는데요, 이런 능력이 하루아침에 생기지는 않습니다. 다독을 통한 정보 습득 노력과 다양한 사람과의 만남을 통해 쌓는 간접경험 등이 일정 시간 이상 지속적으로 이루어졌을 때 비로서 가능해진다는 사실을 기억하길 바랍니다.

제목이 내 콘텐츠의
생명을 좌우한다

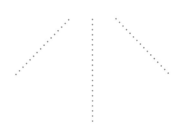

몇몇 특정 미디어가 대부분의 콘텐츠를 생산해냈던 집중 미디어 시대에는 아침에 배달되는 종이신문이나 저녁 9시 TV뉴스의 헤드라인이 이슈 콘텐츠 대부분을 지배했습니다. 구독자나 시청자가 자발적으로 특정 어젠다를 선택할 수도 없고, 설사 선택하더라도 그 선택의 폭이 아주 좁을 수밖에 없었습니다.

그런데 지금은 어떤가요? 스마트폰을 중심으로 한 모바일 환경의 발달로 모든 SNS 이용자들이 거의 실시간으로 각자의 콘텐츠를 생산해내고 있습니다. 그야말로 콘텐츠 무한경쟁시대라고 해도 과언이 아닐 정도인데요, 이렇게 셀 수 없이 쏟아지는 콘텐츠 사이에서 내 콘텐츠가 살아남으려면 무엇보다 '제목'을 잘 지어야 합니다.

사람으로 치면 제목은 첫인상이나 외모라고 볼 수 있습니다. 우리가 상대방에 대한 정보가 전혀 없는 상태에서 그 사람의 겉모습을 보고 성격 등을 유추하듯이, 콘텐츠 이용자들은 콘텐츠 내부의 내용이 아무리 좋고 읽을 만하더라도 일단 '제목'을 보고 읽을지 말지를 선택하게 됩니다. 즉, 콘텐츠를 만드는 사람이 해당 분야 전문가이거나 유명한 셀럽 등 파급력이 있는 경우가 아니라면 대부분의 이용자들은 해당 콘텐츠의 제목을 보고 클릭해서 들어오게 됩니다.

이는 텍스트 기반의 블로그뿐 아니라 이미지(사진) 위주의 인스타그램에도 적용되는 사항이며, 심지어 유튜브의 경우에도 대부분의 이용자들은 썸네일 이미지에 붙어 있는 제목을 보고 클릭을 하게 됩니다.

결국 내 콘텐츠가 선택되느냐 외면받느냐는 제목에 의해 결정된다고 봐도 무방합니다. 따라서 제목은 콘텐츠의 내용을 잘 표현해야 하는 동시에, 사람들의 호기심을 자극할 수 있어야 한다는 점이 중요

〈출처 : '드로우앤드류' 유튜브채널〉

합니다. 제목만 보고도 '저 글을 읽거나 영상을 보지 않으면 안 될 것 같은' 느낌이 들게 해야 하는 것이죠. 그럼 이용자의 관심을 끌어서 클릭을 유도하는 제목을 짓는 방법에 대해 알아볼까요?

👍 본문을 단순 요약 서술하는 제목은 피하라

콘텐츠의 제목이 주제나 글쓴이의 주장을 대표해야 하긴 하지만 단순히 본문내용을 요약하는 형태라면 그 내용을 보기 위해 클릭하는 사람은 많지 않을 것입니다. 제목만 봐도 콘텐츠 내용을 대부분 유추할 수 있는데 굳이 자세한 내용을 알려고 클릭하지는 않을 테니까요.

이처럼 같은 콘텐츠 내용이라도 제목을 어떻게 구성하느냐에 따라 클릭할 확률은 천차만별일 수 있습니다. 예를 들어 아래 제목들을 비교해볼까요?

고깃집에서 상추를 활용하는 방법 vs 고깃집 가면 상추 한 장을 꼭 남겨야 하는 이유

두 콘텐츠 모두 '연탄불이나 숯불 고깃집에서는 불조절이 어렵기 때문에 상추를 활용해서 불조절을 하면 고기를 태우지 않고 맛있게 먹을 수 있다'라는 내용인데, 여러분은 위의 두 제목 중 어떤 것을 클릭할 것 같은가요?

가스렌지 부주의로 화재사고 날 뻔 vs 한 밤 중 아파트 주민 모두를

마찬가지로 두 콘텐츠 모두 '가스렌지에 불을 켜놓은 채 물주전자를 올려 놓고 밤새 외출한 주민 때문에 새벽에 화재경보기가 울려서 소방차가 출동한 사건'을 다루고 있습니다. 그런데 전자의 경우 제목만으로 대충 사건내용을 알 수 있기 때문에 클릭할 확률이 현저히 떨어질 수밖에 없습니다.

👍 호기심이나 궁금증을 유발하라

사실 제목의 가장 큰 역할은 수많은 콘텐츠 사이에서 차별화되고 이용자들의 관심을 끄는 데 있습니다. 이를 위한 효과적인 방법이 바로 사람들의 '궁금증을 유발하는 제목'을 만드는 것이죠. 가장 쉬운 방법은 제목 끝에 물음표(?)를 붙여서 의문문을 만드는 형식입니다. 같은 내용이라도 의문을 제기하는 형식의 제목이 당연히 더 주목을 끌 수밖에 없을 테니까요.

또한 제목에 '그 이유 알고 보니, 숨겨진 비밀, 숨은 고수, 나만 몰랐던, 아무도 가르쳐주지 않는' 등의 문구를 사용해서 콘텐츠 안에 뭔가 특별한 내용이 숨겨져 있는 듯한 뉘앙스를 주는 방법을 활용해도 좋습니다. 이런 식으로 관심을 자극함으로써 이용자들이 '뭔가 꼭 알고 있어야 할 것 같다' 또는 '나만 모르고 있는 건가?' 하는 조바심으로 클릭하게 만들 가능성을 높일 수 있습니다.

한 줄의 제목을 짓기 위해 밤을 꼬박 새우기도…

1. 삼시세끼 대박 시청률, 관찰형 예능의 대세가 될 것인가? (2)
2. 밤 12시만 되면 나타나는 도깨비시장, 이유 알고 보니 (6)
3. 우리가 몰랐던 자동차상식의 모든 것 '다함께 차차차' (8)
4. 우연히 들른 다방, 커피전문점보다 백배 좋아 (18)
5. 설명절 귀성길, 왜 내 차선만 항상 느린 걸까? (17)
6. 갑자기 내려서 걸어가라는 택시기사에 어이없어 (24)
7. 아이 혹사 시키는 엄마 보고 깜짝 놀라 따라갔더니 (30)
8. 모여 있는 손님 안 태우는 택시, 진짜 이유 알고 보니 (22)
9. 고속도로에서 만난 세상에서 가장 무서운 아이 (32)
10. 귀경길 더욱 짜증나게 하는 양심없는 꼴불견들 (18)
11. 출근길 김밥 아주머니, 갑자기 사라진 이유 알고 보니 (25)
12. 강남에서 오뎅 50% 파격할인, 과연 성공할 수 있을까? (31)
13. 시계 한 번 잘못 봤다가 집에서 쫓겨난 사연 (35)
14. 매번 사게 되는 황당한 모찌(찹쌀떡) 가격의 비밀 (33)
15. 아침 출근길 교통대란, 이유 알고 보니 기막혀 (19)
16. 무심코 돈 내밀었다가 초등학생의 말 한 마디에 한없이 부끄러워진 사연 (23)
17. 접촉사고 내고 도망간 뺑소니차량 직접 찾아낸 결정적 증거 (33)
18. 먹고살기 힘든 세상, 이런 재주까지 부려야 하는 현실에 씁쓸해 (29)
19. 장모님이 죽도록 싫다는 남편, 이유 알고 보니 (21)
20. 지나친 호의, 이럴 때 오히려 불편하고 짜증나 (34)

👍 토픽 · 이슈별 묶음방식으로 정리하라

개념적이거나 어려운 내용, 노하우, 방법 등을 알려주는 콘텐츠라면 제목을 '~하는 방법 3가지, 3단계 학습방법' 식으로 토픽별로 정리해서 표현할 필요가 있습니다. 이럴 경우 이용자들이 '몇 가지 개념만 익히면 본문을 쉽게 이해할 수 있겠구나' 또는 '복잡한 내용을 일목요연하게 정리할 수 있겠다' 하는 생각에 관심을 갖게 됩니다.

예를 들면 아래 사례들처럼 콘텐츠 내용을 토픽별로 묶어서 숫자로 표현해주면 훨씬 좋은 반응을 끌어낼 수 있습니다.

헬스장 안 가도 살 빠지는 5가지 방법 / 행복을 측정하는 3가지 기준 / 아무리 친해도 절대 하면 안 되는 3가지 이야기 / 설 명절 칼로리폭탄을 피하기 위한 3가지 방법 / 누구나 쉽게 따라할 수 있는 영어회화 3단계 비법 / 가을 드라이브 코스 추천 7개 명소 / 술자리 절대 같이 하기 싫은 꼴불견 5가지

👍 매출, 규모 등 숫자를 활용하라

제목을 지을 때 숫자를 효과적으로 활용하는 방법도 있습니다. 특히 기업의 성공사례, 특정 지역이나 현상의 규모 등을 제시할 때 매출, 수입, 크기 등을 비교적 큰 숫자로 표현해주면 사람들이 적극적인 관심을 보이게 됩니다.

특히 이런 경우 막면히 크다, 많다 식의 표현이 아니라, '한 달에 100억 매출, 대기업 연봉의 10배, 여의도 면적의 100배' 등 직접적인 숫자를 제시하거나 특정 준거집단과의 비교 등을 통해 숫자나 규모를 상대적으로 크게 보이게 하는 것이 중요합니다. 그래야만 이용자들에게 그 규모나 크기에 대한 더 구체적인 느낌을 줘서 주목을 끌 수 있기 때문입니다.

👍 주인공의 어려움을 부각시켜라

주로 개인의 성공사례 등을 소개할 때 많이 쓰이는 제목형태입니다. 제목에서 콘텐츠 내용 당사자가 일반인에 비해 더 어려운 환경이나 불완전한 조건 등을 딛고 일정 수준 이상의 업적을 달성했음을 표현했을 때 그 업적이 더 대단해 보이는 효과를 줄 수 있기 때문이죠.

이런 제목에서 대표적으로 자주 쓰이는 소재가 나이, 지역, 가정환경 등입니다. 예를 들면 이런 문구들이 있습니다.

20대 초반 나이에 한 달 1억 수입 / 70 넘어 모델로 데뷔한~ / 할머니 손에서 자란 OO 씨 어려움 딛고 행정고시 수석합격 / 100여 가구 남짓 섬 동네, CEO만 10명 배출

👍 희소성을 강조하라

무엇이든 '하나만, 마지막'이라는 점을 강조하면 사람들에게 그것에 대한 중요성을 다시 생각하게 만드는 효과를 줄 수 있습니다. 이미 홈쇼핑이나 쇼핑몰에서는 '마지막 방송, 단 한 번만' 같은 표현을 자주 쓰고 있습니다. 이런 경우 소비자들은 해당 사실이 진짜인지 의심을 하면서도 '이 번에 안 사면 다시는 못 살 것 같아'라는 절박함이 생겨서 구매하게 되는 경우가 많습니다.

〈출처 : SBS 8시 뉴스 방송 캡처〉

　콘텐츠 제목에도 '꼭 한 번만, 이 번이 마지막' 등의 문구를 넣어주면 해당 콘텐츠 내용에 관심이 없던 사람들에게도 '정말 중요한 내용인가?', '지금 안 보면 안 될 것 같은데' 하는 시의성에 대한 주의를 환기시킬 수 있습니다. 또한 제목에 '단 한 가지만 기억하라' 식의 문구를 넣어서 콘텐츠를 하나의 토픽으로 단순화하는 것도 콘텐츠에 대한 집중도를 높이는 좋은 방법이 됩니다.

👍 감정표현을 적극 활용하라

　때로는 제목으로 사람들의 감정을 자극할 필요도 있습니다. 사실만을 객관적으로 나열하는 형태가 아니라면, 대부분의 콘텐츠에는 만든 사람의 의도나 감정이 포함되기 마련입니다. 이때 만일 일반적이지 않거나 보기 드문 현상 또는 사람에 대한 콘텐츠를 만든다면, 제목에 놀란 감정이나 실망감 등을 적극적으로 드러내는 것도 좋은 방법이 됩니다.

예를 들어 콘텐츠 제목에 '깜짝 놀라, 기가 막혀, 어이없어, 황당해, 짜증나, 씁쓸해' 등의 미사여구를 포함시키면 콘텐츠 내용에 대한 이용자들의 궁금증을 증폭시키거나, 감정적 공감 확인을 위해 클릭할 가능성을 높일 수 있습니다. 조금만 고민해보면 얼마든지 다음과 같은 방식으로 감정표현을 접목한 제목을 만들 수 있습니다.

가장 심각한 주부 명절 후유증 1위는? 뜻밖의 대답에 놀라워 / 버스 꼴불견 한 방에 날린 강력 문구에 통쾌해 / 아침 출근길 교통대란 이유 알고 보니 기막혀 / 맛 좀 봐라 식의 황당한 표지판에 어이상실 / 흥겨운 축제 망치는 아저씨의 무개념 행동에 씁쓸해 / 회사 엘리베이터 열리자마자 기절초풍한 사연

지금까지 설명한 다양한 방법을 활용하더라도 콘텐츠 내용에 어울리는 제목이 바로 떠오르지 않을 수 있습니다. 그렇더라도 포기하지 말고 수십 번을 고쳐서라도 '클릭하게 하는(Clickable)' 제목을 만드는 연습을 꾸준히 해나가야 합니다.

다만 단순히 호기심을 극대화하려고 콘텐츠 내용과 동떨어진 자극적인 문구만을 계속 활용하지 않도록 주의할 필요가 있습니다. 이럴 경우 여러분의 콘텐츠가 자칫 '낚시성 콘텐츠'로 전락할 수 있으며, 콘텐츠를 만든 사람의 신뢰까지 추락할 가능성이 높기 때문입니다.

타겟지향적
콘텐츠를 만들어라

'타겟 설정'은 SNS를 통해 자신의 브랜드를 알리거나 상품·서비스 마케팅을 할 때 중요하게 고려해야 할 요소 중 하나입니다. 모든 사람이 내 제품이나 서비스를 이용하는 대상은 아니기 때문이죠.

이런 관점에서 설령 충분한 시간과 비용이 있더라도 모든 사람에게 똑같은 메시지를 전달하는 방식은 매우 비효율적일 수밖에 없습니다. 나아가 이럴 경우 오히려 타겟이 아닌 고객들에게는 부정적인 이미지를 심어줄 수도 있습니다.

따라서 정확한 타겟 고객에게 필요한 정보나 메시지를 적확하게 전달해야만 마케팅 비용을 효율적으로 운용할 수 있고, 타겟 고객의 공감을 얻어 구매행동을 이끌 수 있습니다.

타겟을 설정하는 방법은 다양합니다. 대표적으로 나이, 성별, 지리적 특성을 고려한 인구통계학적 변수 등이 활용되죠. 그 외에 학력,

직업, 취미 등 사회학적 요인과 함께 구매력도 아주 중요한 타겟 설정 기준이 됩니다.

이런 기준들을 통해 나름의 타겟을 설정했다면, 콘텐츠를 기획·제작하는 과정에서 설정 타겟 고객의 특성이나 성향을 고려해야 한다는 점이 중요합니다. 설정된 타겟에 맞는 '타겟지향적인 콘텐츠'를 만들어서 해당 타겟 고객이 주로 활용하는 SNS 플랫폼이나 미디어를 통해 메시지를 전달해야만 마케팅 효과를 극대화할 수 있기 때문입니다.

👍 콘텐츠 타겟의 TPO 반영하기

타겟지향적인 콘텐츠를 만들 때는 해당 타겟 고객의 'TPO(Time, Place, Occasion)'를 반영해야 한다는 점이 중요합니다. 즉, 내가 알리고자 하는 상품이나 서비스가 타겟 고객의 입장에서 '어떤 시점에, 어디에서, 어떤 상황에 적합할 것이냐'를 고려하라는 의미입니다. 예를 들어 '가공 즉석밥' 타겟 고객이라면 다음과 같은 TPO를 생각해 볼 수 있습니다.

혼자 사는 20~30대 직장인(Target)이, 퇴근 후 저녁 시간(Time)에, 집(Place)에서, 미리 해놓은 밥이 없는 경우(Occasion)

이러한 TPO를 기반으로 타겟지향적인 콘텐츠를 만들어본다면 이런 식이 될 수 있습니다.

오늘 따라 일찍 퇴근, 가벼운 마음으로 집에 도착, 간만에 찌개도 끓이고 집에서 어머니가 보내주신 배추김치도 썰어 내고, 평소 좋아하는 계란말이까지. 이 정도면 내겐 진수성찬. 맛있게 먹어야지 하는 맘으로 밥통을 열었는데, 어제 먹다 남은 밥알 몇 톨뿐… 이럴 때 필요한 건 바로 햇반!

만일 요즘 각광받고 있는 넷플릭스 이용자를 타겟으로 한다면, 30~40대 직장인이 퇴근 후나 주말(Time)에, 집(Place)에서, 일반 공중파나 케이블TV에서 보기 어려운 해외 드라마를 보고 싶은 경우(Occasion)를 TPO로 설정해볼 수 있습니다. 이런 설정에 어울리는 SNS 콘텐츠를 제작해서 타겟 고객과 소통한다면 해당 고객들이 더욱 공감하고 참여하고 싶은 마케팅 메시지가 될 수 있습니다.

👍 '독백'과 '사진'으로 타겟과의 공감 만들기

그런데 사실 모든 콘텐츠를 TPO 형식에 맞춰서 만들 수는 없습니다. 때로는 정형적인 상황이 아닌, 일상의 자연스러운 상황이나 행동에서 타겟 고객을 대상으로 한 생각이나 의도가 자연스럽게 드러나도록 콘텐츠를 구성할 필요도 있기 때문이죠.

이럴 때 가장 좋은 방법 중 하나가 고객의 마음을 '독백'으로 표현하거나, 타겟을 유추할 수 있는 '사진'을 활용하는 것입니다. 쉽게 말해 일반 콘텐츠에 타겟 고객의 속마음을 표현하는 단 한 줄의 문장이나 한 장의 사진을 추가하는 것만으로도 얼마든지 타겟지향적 콘텐츠로 변신시킬 수 있다는 것이죠.

한 줄의 독백으로 주부를 공략하라

그런데 이에 대해 알아보기 전에 먼저 타겟 설정을 하는 데 있어서 고려해야 할 우리나라만의 특성이 있음을 주목해야 합니다. 극단적으로 얘기하면 우리나라에서의 타겟은 '주부냐, 주부가 아니냐' 단 2가지로 나눌 수 있습니다. 그만큼 주부 구매력이 아주 막강하다는 의미입니다. 특정 제품이나 서비스에 대한 니즈를 기준으로 구매 가능성이 높은 집단을 정교하게 타겟팅하는 것이 마케팅의 기본이지만, 우리나라의 경우 '주부'를 타겟팅하기만 하면 이미 절반은 성공한 셈입니다.

미국, 중국, 일본 등 내수시장 규모가 충분한 나라에서는 앞서 얘기한 인구통계학적 변수 등 다양한 기준에 따라 뾰족한 타겟팅을 해도 타겟 모수가 충분해서 마케팅 효과를 볼 수 있습니다. 이에 비해 우리나라의 경우 너무 디테일한 타겟팅은 오히려 적정한 구매력 집단 모수를 줄이는 결과를 가져올 수 있다는 사실에 주의해야 합니다.

실제로 우리나라에서 주부는 가정 내에서 대부분의 구매결정에 막강한 영향력을 가지고 있습니다. 예전 마케팅 이론에는 가격이 저렴하고 구매결정이 쉬운 생필품 등 저관여제품은 여성이 구매결정을 하고, 집이나 자동차 같은 고관여제품은 남성이 결정한다고 돼 있지만 우리나라에서만큼은 이런 원칙이 적용되지 않는 경우가 대부분입니다.

자동차든 집이든 주부의 의견을 반영하지 않고 남성이 일방적으로 구매의사결정을 하는 경우는 드물며, 설사 남편 통장에서 비용이 지불된다 할지라도 최종 의사결정은 실질적으로 주부가 한다고 보는 것이 맞습니다.

심지어 제품의 사용자(User)와 구매자(Buyer)가 다른 제품의 경우에도 제품구매는 대부분 주부가 하는 경우가 많습니다. 예를 들어 소시지의 경우 주로 아이들이 반찬으로 즐기고, 홍삼 등 건강식품은 주로 남편이 먹지만 실제 구매는 모두 주부가 하는 식입니다. 이 말은 결국 마케팅을 통해 주부를 사로잡으면 아이들, 남편, 심지어 부모님까지 따라오게 만드는 효과를 얻을 수 있다는 사실을 의미합니다.

이런 현실에 맞춰 SNS 콘텐츠 역시 아주 특수한 카테고리가 아닌 이상 주부 타겟팅을 하는 편이 상대적으로 유리하고 효과적입니다. 여기서는 앞서 설명한 '독백'을 콘텐츠에 포함시켜서 '주부지향' 콘텐츠를 만드는 사례를 들어보겠습니다.

예를 들어 '주부들끼리 식당에 모여서 맛있는 치킨요리를 먹고 왔다'라는 내용으로 콘텐츠를 꾸민다고 가정해보겠습니다. 이런 경우에 '식당 간판 사진, 메뉴판과 맛있게 먹은 음식을 클로즈업한 사진, 주소 지도 입력' 식으로 콘텐츠를 만들면 여느 맛집 소개 콘텐츠와 다를 바가 없습니다. 그런데 만일 여기에 이런 독백이 들어가면 어떨까요?

'둘째 아이 데려올 걸, 아이가 너무 좋아하는 치킨인데…'

'집에 갈 때 한 마리 포장해서 남편 갖다 줘야지…'

단 한 문장의 독백이 들어갔을 뿐인데, 일반 콘텐츠가 아이나 남편을 생각하는 '주부지향적'인 콘텐츠로 변신했습니다.

타겟 고객의 생각이나 입장을 이해한다면 얼마든지 콘텐츠에 이런 식의 독백을 삽입하거나 자연스럽게 녹여낼 수 있습니다. 부부가 함께 산행하다가 손을 잡아 준 남편에 대해 '이럴 때 정말 남편이 있어 든든하다'라거나, 여행을 가서 신나게 즐기다가도 문득 든 아이 생각에 '시험 때문에 집에 두고 온 아이가 맘에 걸린다'라는 식의 독백을 넣는 것이죠. 이런 식으로 흔한 맛집이나 여행 소재로 콘텐츠를 만들더라도 가족을 배려하고 사랑하는 주부의 속마음을 '독백' 형식을 빌

단 한 줄의 문장으로, 등산도 주부지향적 콘텐츠로 대변신!

대청봉에 올라서니, 세상을 다 가진 기분이었습니다. 그리고 아래로 펼쳐진 산의 모습은 한마디로 우리나라 가을의 대표 선수라고 말해. 청봉 비석 앞에서 모두들 사진을 찍느라 정신이 없었고, 저는 막내를 데리고 첫 등산이라 긴장을 해서인지 그제야 긴장이 풀리더라고요. 제 어깨를 두드리며 "엄마 수고했어~"라고 말해주는 막내 때문에 순간 울컥 하기도 했답니다.

〈출처 : 동원 건강DNA 공식 블로그〉

어 단 한 문장 추가하는 것만으로도 타겟에 적합한 콘텐츠로 변신시킬 수 있습니다.

이를 마케팅 관점에서 보면 위와 같이 주부의 속마음이 드러나 있는 콘텐츠 속에 건강식품이나 음식 등의 소재를 자연스럽게 노출시킴으로써 소비자의 구매를 자극하는 효과를 얻을 수 있습니다.

한 장의 사진으로 연인 콘텐츠 만들기

또한 독백 대신 타겟 고객의 공감대를 불러일으키는 단 한 장 사진으로도 같은 효과를 얻을 수 있습니다. 예를 들어 사랑에 빠진 연인들을 타겟으로 콘텐츠를 만든다면, 일반 맛집이나 여행지를 소개하는 콘텐츠 사이사이에 아래 사례처럼 누가 봐도 연인임을 유추할 수 있는 단 한 장의 사진을 추가함으로써 얼마든지 연인 타겟의 콘텐츠로 변모시킬 수 있는 것이죠. 굳이 연인이 함께 얼굴을 드러내고 찍은 사진을 사용할 필요도 없습니다.

누가 봐도 다정한 연인 콘텐츠 아닌가

이렇게 연인과 함께 떠나는 해외여행의 즐거움을 표현하는 콘텐츠 안에 현지 여행 서비스 상품이나 여행지 소개 책 등을 노출시켜서 구매를 유도할 수도 있습니다.

타겟에 대한 이해나 고민만 충분하다면 위의 사례들처럼 한 문장의 독백이나 한 장의 사진만으로도 의외로 쉽고 간단하게 타겟지향적 콘텐츠를 만들 수 있습니다.

왜 우리나라에는 유독 막장 드라마가 많을까요? 물론 최근에는 의학, 액션, 스릴러 장르의 드라마도 많이 나오기는 하지만 여전히 전체 드라마에서 막장 형태의 멜로물이 차지하는 비중이 많은 편입니다. 특히 아침 연속극의 경우 더욱 그렇습니다.

지속적인 사회적 비난과 파장에도 불구하고 우리나라에 불륜이나 삼각관계, 된장녀 등 일상에서 접하기 힘든 변형된 형태의 멜로 소재를 이용한 드라마가 끊임없이 만들어지는 데는 몇 가지 근본적인 이유가 있습니다.

1. 세분화된 타겟별 적정 구매력 집단을 형성하지 못하는 인구수

내수시장만으로도 국가경제가 돌아갈 수 있을 정도의 인구수를 가진 중국(14억)이나 미국(3.3억), 일본(1.3억) 등의 경우 각각의 시장 세그먼트를 연령대별, 라이프 스타일별, 지역별 등으로 분류하더라도 각 세그먼트별 타겟 고객들로 최소한의 적정 구매력집단을 형성할 수 있습니다. 그러다 보니 TV 프로그램 역시 각기 다른 연령대, 라이프 스타일, 구매력에 따른 타겟팅이 가능하고, 그러한 타겟팅에 따라 다양한 장르의 드라마나 프로그램을 만들어낼 수 있습니다.

반면에 우리나라의 경우 4,800만 인구수로는 내수시장만으로 국가경제를 돌릴 만한 상황이 안 될뿐더러, 실제 생산능력이 없는 영유아, 노년층 등을 빼고 나면 실질적인 구매력집단은 더욱 줄어듭니다. 여기에 또 다양한 기준으로 시장 카테고리를 세분한다면 해당 카테고리별 적정 타겟 고객들로 구매력집단을 이루기가 어려울 수밖에 없는데요, 이런 이유로 기업에서는 굳이 비싼 돈을 들여 모수가 너무 작은 타겟을 대상으로 한 TV 광고를 할 필요가 없고, 대부분의 제작비를 광고에 의존하는 방송국 입장에서도 다양한 장르의 드라마들을 만들기가 쉽지 않습니다.

2. TV 드라마의 주타겟은 주부

우리나라에서 마케팅을 하는 사람치고 주부 타겟에 대해 고민해보지 않은 사람은 없을 것입니다. 우리나라에서 타겟을 분류하라면 '주부냐 아니냐', 단 2개만으로 구분할 정도로 주부들의 구매력 파워가 막강하기 때문입니다.

우리나라 전체 가구수가 대략 2천만이고, 이 중 1인 가구가 6백만 정도이므로 2인 이상 가구수 1,400만 정도와 일부 1인 가구를 포함하면, 어

쇼핑은 '주부'의 것

림잡아 주부수가 최소 1,400만 이상이 될 텐데요, 딘일 타겟으로는 가장 큰 집단인 셈입니다. 특히 우리나라에서 주부는 제품·서비스에 대한 정보를 수집·확산하는 데 결정적인 역할을 하며, 대부분의 가정에서 구매 의사결정과 소비결정에 막강한 영향력을 미치고 있습니다.

또한 예전에 비해 여성의 사회생활 비율이 늘어나기는 했지만 여전히 선진국에 비해서는 높은 전업주부 비율을 가지고 있으며, 그들이 가장 높은 TV 시청률과 몰입도를 보이고 있습니다. 실제로 평균적인 시청률을 고려했을 때 25~39세 주부타겟의 시청률이 15~24세의 젊은층에 비해 2배 이상 높은 시청률을 기록하고 있습니다. 따라서 TV 프로그램의 주타겟도 당연히 주부들이 될 수밖에 없겠죠. 그러니 프로그램 제작비를 광고에 의존해야 하는 방송국 입장에서는 광고수익을 얻으려면 시청률을 확보해야 하고, 이를 위해서는 메인 타겟인 주부타겟의 입맛에 맞는 드라마나 프로그램을 만들 수밖에 없는 것이죠.

결국 상황이 이렇다 보니 젊은층이 좋아하는 장르의 드라마나, 남성층이 좋아하는 다큐나 시사프로그램의 제작은 최소화하고 주부들이 좋아하는 멜로 드라마, 불륜을 소재로 하는 자극적인 막장 드라마를 지속적으로 만들어낼 수밖에 없다고 볼 수 있습니다.

또 하나의 요인이라면, 방송국 입장에서는 위와 같이 주부들이 좋아하는 소재나 스토리만 잘 발굴하면 유명배우를 쓰지 않고도 평균 이상의 시청률을 확보할 수 있기 때문에 굳이 큰 돈 들여 다른 장르의 드라마를 만들 필요성을 크게 느끼지 않는다는 점을 들 수 있습니다.

실제로 우리나라 아침 드라마의 경우 주부를 타겟팅함으로써 상대적으로 덜 유명한 배우들이 나오는데도 저녁시간에 하는 메인 드라마 평균시청률의 70% 정도를 달성할 수 있을 정도입니다.

결국 막장 드라마를 지속적으로 만들 수밖에 없는 근본적인 이유는 막강한 주부구매력에 있다고 하겠습니다.

찍고 기록하고
정리하라!

어떤 콘텐츠를 기획하고 만들든 기본적으로 재료가 준비돼 있어야 합니다. 다행히 요즘은 웬만한 정보는 다 오픈돼 있기 때문에 검색을 통해 콘텐츠 재료들을 어렵지 않게 찾을 수 있습니다. 다만 이런 재료들을 여러분의 콘텐츠에 시의적절하게 사용하려면 주기적으로 뉴스나 콘텐츠 큐레이션 채널 등을 모니터링하고 관련 토픽이나 기사들을 모아둘 필요가 있습니다.

👍 매순간 메모하고 기록하는 습관 들이기

좋은 콘텐츠를 확보하는 또 하나의 방법은 일상의 매순간 아이디어를 메모하고 기록하는 습관을 들이는 것입니다. 필자의 경우 한창 운동을 하는 중에도 아이디어가 떠오르면 멈춰 서서 메모하거나, 심

잠 들기 전에 반드시 자료정리를!

지어 샤워하다 갑자기 아이디어가 떠올라서 바로 밖으로 뛰어나가 물 묻은 손으로 스마트폰에 메모를 하기도 합니다.

일상에서 아이디어를 메모하다 보면 때로는 귀찮고 번거로워서 '다음에 메모해야지' 하고 미룰 때가 있습니다. 그런데 우리 기억은 그리 오래 가지 않습니다. 갑자기 떠올랐던 아이디어가 5분만 지나도 다시 기억나지 않는 경우가 많으므로 무언가 아이디어가 떠오른다면 주저없이 그 자리에서 메모하는 습관을 기르는 것이 좋습니다.

👍 사진이나 동영상은 최대한 많이 찍기

사진이나 동영상도 콘텐츠를 만드는 데 있어서 아주 중요한 재료입니다. 이런 재료를 얻기 위해 사진이나 동영상 잘 찍는 법 등의 간단한 요령을 배워 활용해보는 것도 좋습니다. 하지만 전문 작가가 아닌 이상 매번 그런 요령을 적용해서 촬영하고 보정하기가 쉽지만은 않습니다.

필자가 생각하는 좋은 사진이나 동영상을 찍기 위한 가장 쉬운 방법은 '최대한 많이 찍기'입니다. 그게 무슨 좋은 방법이냐고 반문할 수도 있지만, 다다익선이라는 말처럼 콘텐츠를 만들 때도 관련 재료가 많을수록 다양한 기획을 할 수 있으며, 당연히 양질의 재료를 확보할 가능성도 높아집니다. 특히 방문하기 어려운 장소라면 기회가 있을 때 최대한 재료를 많이 찍고 기록해두는 것이 좋습니다.

그럼 도대체 얼마나 많이 찍어야 할까요? 사실 생각보다 많이 찍어두는 게 좋습니다. 필자의 경우 맛집 한 곳을 포스팅하는 데 100~150장 정도의 사진을 찍는데, 그 중에서 실제로 사용하는 사진은 5~6장 정도입니다.

여행 콘텐츠는 카테고리 특성상 낯선 지역의 새로운 풍광이나 사람, 음식 등을 생생하게 보여주는 경우가 많으므로 더욱 많은 사진이 필요하겠죠. 필자의 경우 3박 5일 일정으로 동남아여행을 다녀온다면 대략 5천 장 정도의 사진을 찍어서 30개 정도의 콘텐츠를 만드는 편입니다.

영상의 경우는 일상에서 필요할 때마다 짧은 영상클립을 많이 찍어두는 게 좋습니다. 특별한 경우가 아니라면 짧은 영상을 서로 붙이고 이어서 다양한 편집을 할 수 있기 때문이죠. 충분한 메모리 용량과 약간의 수고로움만 감수한다면 별로 문제될 게 없지 않을까요?

👍 콘텐츠 자료는 최대한 자세하게 정리해놓기

물론 무작정 사진이나 동영상을 많이 찍어둔다고 끝나는 일은 아닙니다. 제대로 정리해둬야만 콘텐츠의 재료로 활용할 수 있기 때문이죠. 특히 자신이 잘 모르는 여행지에서 찍은 사진이나 영상은 여행을 다녀와서 일주일만 지나도 어디서 찍은 것들인지 기억나지 않는 경우가 많습니다. 어디서 무엇을 하면서 찍은 사진인지 모른다면 콘텐츠에 활용하기가 거의 불가능합니다.

필자의 경우 여행 콘텐츠를 제작할 때 매일 저녁 잠자리에 들기 전에 아래 사례처럼 관련 사진들을 일자별, 코스별, 장소별로 모두 폴더링해서 정리합니다. 이러면 일정 시간이 지나도 언제, 어디서, 왜

일자별, 코스별, 장소별, 정리 또 정리~

📁 09-11(김포공항_송산공항_썬월드다이너스티호텔_중정기념당_용캉제_사대야시장)
📁 09-12(예류지질공원_황금폭포_진과스-황금박물관_지우펀_스펀_101타워_스스난춘_공관야시장)
📁 09-13(화산1914_필름하우스_단수이_신베이터우온천_스린관저_고궁박물관_스린야시장)
📁 09-14(임가화원_용산사_시먼딩_국부기념관_소고백화점-뎬수이러우_이케아)
📁 2014-09-15(송산공항_김포공항)

📁 기타 지하철 등_0911	📁 국부기념관
📁 김포공항	📁 기타 지하철 등_0914
📁 사대야시장(아큐브렌즈할인	📁 소고백화점(뎬수이러우)_2612파일 아래서 두번째 메뉴(우육면)_샤오롱바오_샤오마이
📁 송산공항	📁 시먼딩(시먼홍루_곱창국수_삼형매망고빙수_로얄발리맛사지_지광상상지)
📁 썬월드 다이너스티 호텔	📁 용산사(용산사_용산사옛거리_50란_화시지에시장)
📁 용캉제(용캉우육면_천지충조	📁 이케아매장
📁 중정기념당	📁 임가화원

📁 101타워	📁 고궁박물관
📁 공관야시장(전외전 훠궈부페)	📁 기타 지하철 등_0913
📁 기타 지하철 등_0912	📁 단수이(홍마오청_진리대학_담강중학교_카스테라)
📁 스스난춘(미도리아이스크림_굿죠)	📁 베이터우온천(온천박물관_수도온천회관)
📁 스펀(공등날리기_흔들다리)	📁 스린관저
📁 예류지질공원	📁 스린야시장(지파이_우마왕스테이크_굴대장국수)
📁 지우펀(위안보어자이_땅콩아이스크림_오카리나가게_차박물관	📁 필름하우스
📁 진과스(진과스태자빈관_황금박물관_금광체험_광부도시락_연두	📁 화산1914

찍은 사진인지를 쉽게 구별할 수 있습니다. 또한 나중에 해당 여행 관련 콘텐츠를 만들 때도 폴더별로 콘텐츠를 만들기 수월해지고, 일 자별·코스별·맛집별·여행지별 등 다양한 리스트업 콘텐츠를 만들 기도 굉장히 편리해집니다.

시간과 장소 이외에 해당 사진에 필요한 특이한 내용이 있다면 폴 더 제목에 최대한 자세하게 써놓는 것도 좋은 방법입니다. 예를 들어 어떤 맛집에 대한 사진을 정리한다면 무슨 메뉴를 주문했는지, 해당 맛집에 어떤 사연이 있는지 등을 폴더 이름에 적는 것이죠. 이러면 폴더명만 보고도 콘텐츠를 만드는 데 적합한 재료들을 쉽게 찾을 수 있습니다.

콘텐츠를 기획하다 보면 일상의 사진이 필요할 때도 있습니다. 예

내 기억력을 믿지 말자, 폴더명은 최대한 자세하게

- 마포 옥상집_김치 오뎅전골과 오돌뼈 안주
- 마포 이자카야 야로_사시미셋트 고등어초회 꼬치요리 도미머리조림 등
- 막내 결혼 사진_20140830_휴대폰
- 막썰어 횟집 강남구 삼성동
- 문산 시장 5일장 아직 남아 있는 시골5일장 풍경 스케치 가능
- 미도향 손만두 일산 대화동 20년 됨 1994년 개업, 사장님은 군대 상사 출신, 사모님이 먼저 개업하고 1...
- 밤비노 경양식집 일산시장 19년 됨, 가격을 올리지 않고 있음. 주말에는 자리가 없음
- 북한산 12성문 일주_사람사진_0823
- 북한산 독바위 족두리봉 향로봉 비봉 문수봉 대남문 구기동 코스
- 북한산12산성일주 휴대폰사진
- 신포국제시장 풍경 동인천역 원조신포닭강정(닭강정 대 주문)_0816
- 신포국제시장 풍경 동인천역(5대맛집 닭강정 공갈빵 만두 야채지킴 신포우리만두 본점 등)
- 심학산 정상 사진 모음 일산, 출판단지 등 경기 북부에 있는 거의 유일한 가족 등산 가능한 둘레길
- 양촌리 아구찜 일산 대화동(아구찜 소 주문)_0815
- 연안 단팥빵
- 인제 방태산 계곡 트래킹 송부용
- 인천 화선횟집 먼어(먼어회 대 사이즈 주문)_한국인의 밥상 인천맛집 먼어 최불암_0816
- 인천차이나타운 북경반점 육즙만두 대만식(2박스 포장_1박스에 4개)_0816
- 인천차이나타운 월병 전문점 제과점_담_0816
- 인천차이나타운 팟알(팥빙수_ 아메리카노와 나가사키 카스테라 셋트 주문)팥빙수 카페_0816
- 인천차이나타운 풍경(삼국지 벽화 거리_짜장면 박물관 포함)_0816
- 인천차이나타운 화덕만두 십리향(고기만두 꿀만두 주문)_출서는 동안 수박 제공 친절함_0816
- 주말 메가박스 풍경, 천만돌파 명량, 가족영화 해적 등 최근 영화 트렌드 분석
- 토성옥(수육 대 사이즈와 선지해장국 주문) 일산 주엽역_0814

를 들어 '대중교통 문제'에 대한 콘텐츠라면 지하철이나 버스 사진이 필요하고, '강남역의 화려함'을 주제로 한 콘텐츠라면 도시 빌딩 사진이, '요즘 과일 가격 지나치게 비싼 이유'라는 콘텐츠라면 과일가게 사진 등이 필요합니다. 맛집이나 여행처럼 특정 주제의 콘텐츠가 아닌 시사 이슈나 일반 현상에 대한 콘텐츠의 경우에도 관련 사진이 덧붙여지면 더욱 공감을 높일 수 있습니다.

이럴 때를 대비해서 평소에 출퇴근을 하거나, 모임을 갈 때, 동네 주변 마트나 시장 등을 다니면서 사진을 찍어두고 폴더별로 정리해 두는 게 좋습니다. 예를 들어 동네 대형 마트나 재래시장에 갈 때 각종 상품사진 등을 찍거나, 번화가에서 저녁약속이 있을 때 주변 빌딩이나 가게 등의 사진을 찍어서 음식, 시장, 마트, 대중교통, 바닷가, 아파트 단지, 도심, 야경 등 종류별로 폴더링해두면 필요할 때마다 아주 유용하게 꺼내서 활용할 수 있습니다.

필자의 경우 대학시절 교양과목으로 '서양미술사'라는 강의를 수강하는 과정에서 메모의 중요성을 깨달았던 기억이 있습니다. 경제학을 전공한 필자로서는 생소한 분야에 대한 걱정이 많았는데, 막상 강의 내용 자체는 흥미진진해서 즐겁게 수강할 수 있었습니다. 문제는 관련 상식이 부족한 상태에서 어떻게 시험을 치를까 걱정이었는데요, 고민 끝에 필자는 강의내용을 기록하기로 했습니다. 그런데 미술사라는 강의 특성상 글만으로 정리하기는 어려워서, 다음 쪽 사례처럼 대충 그림을 따라 그리고 강의내용을 받아적는 방법을 활용했습니다.

혹자는 '미술사를 그렇게 무식한 방법으로 공부해도 되느냐'고 반

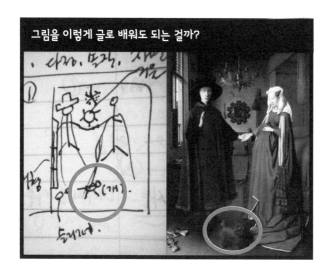

그림을 이렇게 글로 배워도 되는 걸까?

문할 수도 있겠지만, 어찌됐든 나름의 효과는 있었습니다. 시험에서 좋은 성적을 받았음은 물론이고, 지금까지도 당시 배운 명화들에 대한 기억이 남아있으니까요. 이 또한 기록과 정리의 쓸모 아닐까요?

좋은 콘텐츠를 만들기 위해서도 반드시 평소 필요한 내용을 찾아두고, 떠오르는 아이디어를 수시로 기록·정리하고, 필요한 사진을 최대한 많이 찍어놓는 습관이 필요합니다. 또한 이보다 훨씬 중요한 작업이, 이렇게 찾고 기록한 자료들을 언제든 바로 활용할 수 있도록 정리해두는 것입니다. 정리되지 않아서 제때 사용하지 못하는 재료는 무용지물일 뿐입니다.

타겟의 관심사와
내 이야기를 함께 녹여내라

　소통의 기본은 '상호작용'입니다. 어떤 소통이든 '일방적'이면 안 된다는 것이죠. 대화나 토론을 할 때 남의 얘기를 듣지 않고 내 얘기만을 떠들어대면 소통 자체가 단절될 뿐만 아니라, 그 당사자는 외면당하거나 고립될 가능성이 높습니다.

　의견이나 정보 교환 자체가 목적인 SNS에서는 이런 특성이 더 두드러질 수밖에 없습니다. 특히 고객들을 유인해 제품이나 서비스를 알려야 하는 SNS 마케팅 측면에서는 더 말할 필요가 없겠죠.

　고객들은 SNS상에서 실시간으로 다양한 정보들을 검색하고, 그런 정보가 있는 채널을 찾아서 방문합니다. 이런 상황에서 자신의 개인적인 스토리와 상품, 서비스만을 자랑하는 콘텐츠를 만든다면 어떨까요? 수많은 콘텐츠들 사이에서 고객이나 정보이용자들이 그 콘텐츠를 찾아 들어올 가능성은 거의 없겠죠. 내 개인적인 스토리나 제품·서비스에만 관심이 있는 고객들은 낳지 않기 때문이죠.

👍 타겟 관심사에 내 정보를 입히는 2가지 방법

그럼 어떻게 해야 할까요? 답은 아주 간단합니다. 내가 알리고 싶은 정보, 하고 싶은 주장과 함께 고객이 듣고 싶어하는 메시지를 잘 버무리면 됩니다. 다시 말하면, 내 스토리로 콘텐츠를 만들 때 그 스토리와 관련된 고객의 관심사를 함께 포함시키라는 의미입니다. 아니, 더 정확히 말하면 많은 타겟 고객이나 정보이용자들이 관심 있어 하는 내용에 내 관심사와 제품을 녹여내라는 것입니다.

이에 대해 '왜 내 관심사나 제품과는 다른 이야기를 해야 하느냐'라고 반문할 수도 있습니다. 이는 콘텐츠를 단순히 제품이나 서비스 자체의 정보만으로 좁게 해석하거나, 제품과 제품이 사용되는 환경이나 제품과 제품을 사용하는 사람을 따로 떼어놓고 생각하는 데서 비롯되는 오해입니다.

한 번 생각해보세요. 고객이 없다면 제품과 서비스 자체에 무슨 존재 의미가 있으며, 내 관심사나 스토리를 아무리 멋있게 만들어낸들 볼 사람이 없다면 무슨 소용이 있을까요? 방 구석에 홀로 비치된 제품 자체는 콘텐츠로써 아무런 효용가치가 없습니다. 그런데도 내 제품에 대해서만 얘기하고 싶다면 일방적으로 메시지를 전달하는 매스 미디어 광고를 활용하면 될 일이고, 나만의 관심사를 얘기하고 싶다면 SNS를 혼자 보는 일기장처럼 활용하면 됩니다.

만든 사람이 보기에도 지루하고 어려운 콘텐츠 내용을 다른 사람들이 관심을 갖고 흥미있게 볼 거라고 기대하는 것 자체가 모순 아닐까요? 게다가 이렇게 일방적으로 나만의 이야기만 만들다 반응을 못 얻으면 결국 점점 콘텐츠를 만드는 재미를 잃고 얼마 못 가 대부분 채널 운영을 포기하게 됩니다.

콘텐츠 자체에 타겟의 관심사와 내 정보를 함께 녹여내기

그럼 어떻게 하면 타겟의 관심사 안에 내 관심사를 녹여낼 수 있는지 예를 들어볼까요?

어떤 직장인이 저녁에 회식이 있어 SNS에서 적당한 회식장소를 찾아보기로 했습니다. 이것저것 찾다 보니 한 콘텐츠에서 맛깔스러운 안주와 함께 특정 브랜드의 맥주를 시원하게 마시는 사진을 발견하게 됩니다. 그런데 사실은 그 직장인이 찾아 들어간 콘텐츠는 해당 맥주 브랜드의 SNS 채널이라는 사실을 알게 됩니다.

이렇게 고객 스스로 필요한 정보를 찾는 과정에서 만나는 SNS 채널에서 제품이나 서비스를 자연스럽게 노출시켰을 때 더 높은 공감을 불러일으키고 오랫동안 기억되게 할 수 있는 것이죠. 일방적으로 '이 제품의 맛이 좋으니 마셔라' 하는 맥주 브랜드보다는 자신이 원해서 스스로 찾아낸, '맛집, 음식'과 함께 노출된 맥주를 마시고 싶은 마음이 드는 건 너무 당연한 일이 아닐까요.

예를 하나 더 들어볼까요? 만일 여러분이 특정 어린이용 홍삼제품을 알리고 싶은데, 소비자들이 해당 브랜드를 잘 알지 못한다면 어떻게 해야 할까요? 이런 경우 소비자들이 해당 브랜드를 스스로 검색해서 찾아볼 가능성은 낮기 때문에, 다음 사례처럼 콘텐츠를 꾸밀 필

〈출처 : 하이트 공식 블로그(www.beer2day.com)〉

요가 있습니다.

아이들에게 홍삼을 그냥 주면 약간 쓴 맛 때문에 잘 먹지 않는다는 점을 고려하여, 아이들이 좋아하는 쿠키나 빵을 요리하는 과정에서 해당 홍삼제품을 자연스럽게 노출시키는 콘텐츠를 만드는 것이죠. 즉, 다음 쪽 사례처럼 '쿠키나 빵을 만드는 반죽에 홍삼제품을 넣어서 아이들에게 거부감없이 홍삼을 먹일 수 있다'라는 정보를 제공하는 '요리 콘텐츠'에 제품 브랜드를 자연스럽게 노출시키는 방식을 활용하는 것입니다.

<출처 : 동원 건강DNA 공식 블로그>

이런 콘텐츠는 해당 제품 브랜드에서 직접 운영하는 채널에 포스팅해도 되지만, 요리 전문 블로거나 유튜버의 플랫폼에 노출시키고 이를 통해 고객들을 다시 브랜드 사이트로 유인하는 것도 좋은 방법이 될 수 있습니다. 즉, 쿠키나 빵 같은 소비자 관심 콘텐츠로 클릭을 유도하고, 클릭해서 들어온 소비자로 하여금 자연스럽게 어린이 홍삼 브랜드를 만나게 하는 것이죠.

이런 사례들처럼 단위 콘텐츠마다 소비자 관심사 콘텐츠에 내 제품을 동시에 녹여내는 하이브리드 콘텐츠 방식을 활용하는 것도 좋은 방법입니다.

타겟의 관심사를 포함한 카테고리 포트폴리오 구성하기

고객의 관심사와 내 관심사를 섞는 또 하나의 방법은 SNS 플랫폼 카테고리 포트폴리오 자체를 내 제품·서비스에 대한 정보와 고객지향적 콘텐츠를 함께 구성하는 것입니다. 예를 들어 맥주 브랜드에 대한 SNS 플랫폼이라면 성분·가격 등 해당 맥주 브랜드의 기본정보뿐 아니라 같이 곁들이면 좋은 안주나 음식 카테고리를 추가하거나, 여행이나 가족, 친구 등의 카테고리까지 확장해서 관련 콘텐츠에 해당 브랜드 맥주를 마시는 사진 등을 넣어서 구성하는 방법을 생각해볼 수 있습니다.

그렇지 않고 오로지 맥주 브랜드에 대한 정보만으로 플랫폼을 구성하면 고객을 만날 수조차 없을 가능성이 큽니다. 맥주가 마시고 싶다고 해서 특정 맥주 브랜드를 검색해볼 고객이 어디 있겠습니까.

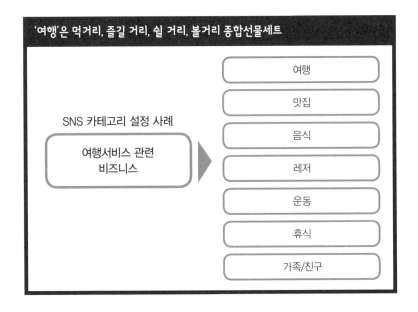

'여행'은 먹거리, 즐길 거리, 쉴 거리, 볼거리 종합선물세트

SNS 카테고리 설정 사례

여행서비스 관련 비즈니스

여행
맛집
음식
레저
운동
휴식
가족/친구

이런 식으로 SNS 콘텐츠를 여러분이 알리고자 하는 제품이나 서비스와 관련된 다양한 일상과 고객의 관심사까지 확장 해석해서 내 제품이나 서비스와 고객이 관심 있어 하는 정보와의 접점을 최대한 늘려야 합니다.

만일 SNS 채널에서 직접 제품이나 서비스를 판매하지 않는 운영자라면 더욱 적극적으로 대중적인 콘텐츠 카테고리 컨셉을 유지하는 것이 좋습니다. 자신이 직접 판매하지 않더라도 어느 정도 시장규모가 있는 제품이나 서비스 타겟 고객들이 관심 있어 하는 카테고리를 선택해야 해당 제품 또는 서비스에 대한 광고(구글 애드센스 광고나 유료광고 등)를 노출시킬 수 있는 선택의 폭이 넓어지기 때문입니다.

그렇다고 서로 관련성이 없는 카테고리들을 모두 활용하라는 뜻은 아닙니다. 특히 최근 유튜브나 네이버 등에서 전문성 있는 콘텐츠나 채널을 상위에 노출시켜주는 경향이 점점 강해지고 있다는 점도 고려해야 합니다. 채널 내에 일관성없이 동떨어진 콘텐츠를 마구잡이식으로 끼워 넣으면 이용자들의 공감을 얻을 수 없을 뿐 아니라, 중구난방식의 아무 색깔도 없는 채널이 되기 십상입니다. 당연히 검색 알고리즘에서도 배제될 가능성이 높을 수밖에 없겠죠.

따라서 채널 카테고리를 확장할 때는 카테고리 간에 서로 관련성이 있도록 구성해야 합니다. 만일 채널을 처음 시작하는 경우라면 핵심 카테고리 1~2개를 집중적으로 관리하다가 콘텐츠수가 어느 정도 늘고 자리를 잡아갈 때쯤 일부 콘텐츠를 세분화하거나 별도 채널로 분리하는 것도 좋은 방법이 될 수 있습니다.

세상의 모든 제품과 서비스는 소비자의 주된 관심사와 반드시 공통분모가 있기 마련입니다. 이러한 공통 관심사영역을 끊임없이 넓혀가는 것이 바로 소비자를 이해하는 과정입니다. 이러한 노력이 꾸준하게 이뤄질 때 SNS 콘텐츠가 더 많은 고객을 만날 수 있으며, 고객들에게 거부감없이 자연스럽게 다가갈 수 있습니다. 다시 말해 고객들이 원하는 정보와 의도의 길목을 여러분의 상품·서비스에 대한 공감콘텐츠로 지키고 있어야만 고객들을 자연스럽게 만나고 설득할 수 있습니다.

세상에는 뭔가 하나를 얻으려고 할 때 반드시 희생해야 하는 다른 하나가 존재하는데, 이러한 둘의 관계를 'Trade off relations'라고 합니다. 연애를 할 때의 '편안함'과 '설렘'이 바로 이런 관계라고 할 수 있는데요, 물론 일반적으로는 연애 초기에는 편안함보다는 설렘을 느끼다가 연애가 길어질수록 설렘이 줄면서 자연스럽게 서로를 편안하게 느끼는 경우가 많습니다.

그런데 편안함을 느끼기까지의 속도를 조절할 수 있다면 어느 정도까지는 설렘과 편안함 중 자신이 선호하는 느낌을 더 강하게 유지할 수 있지 않을까요? 가령 편안함을 선호한다면 호칭부터 편하게 부르고 자주 만나 서로 많은 것을 더 빨리 알아가는 게 좋겠죠. 반대로 설렘을 더 오래 유지하고 싶다면 서로를 알아가는 속도를 조절하고, 만나서 함께 해보고 싶은 일들을 아쉬움이 남을 정도로 자제하는 게 좋을 수도 있습니다. 아쉬움이 있어야 다음 만남에 대한 설렘도 있는 겁니다.

마케팅에도 이런 관계가 존재합니다. 예를 들어 필자의 경우 백설 올리브유 마케팅을 담당했을 때 제품의 '판매가격'과 '시장점유율' 간의 관계를 어떻게 하면 적정 수준으로 유지할지에 대해 골머리를 앓은 적이 있습니다.

2000년대 초반, 기존에 수입 병제품으로만 팔던 올리브유를 백설에서 처음으로 페트병 제품으로 대량 생산해서 팔기 시작하자 때마침 일어난 웰

빙붐을 타고 연간 시장이 200~300%씩 성장하게 됐습니다. 이렇게 올리브유 시장이 기존 콩식용유 규모를 형성하게 되자 웬만한 식품회사들은 모두 올리브유 시장에 뛰어들었습니다.

이럴 때 브랜드력이 상대적으로 떨어지는 후발주자가 시장에 진입하는 가장 손쉬운 방법이 소위 '1+1 전략'입니다. 필자의 고민은 바로 여기서 시작됐습니다. 후발주자의 1+1 전략을 간과해서 대응하지 않으면 '시장점유율'이 떨어질 것이고, 같은 전략을 구사하면 제품의 '평균 판매가격'이 떨어질 수 있기 때문이죠.

말 그대로 진퇴양난의 상황이었습니다. 당시 백설의 시장점유율이 40% 정도였고, 나머지 3개사가 10~15% 정도였던 점을 감안하면, 같은 기간 모든 제품에 1+1 전략을 구사할 경우 여타 회사에 비해 3배 정도의 비용이 추가로 발생하는 상황이었으니까요.

결과적으로 시즌별 · 지역별 · 유통경로별 가격할인과 1+1 전략을 조합해서 비용을 최소화하는 수준으로 시장점유율을 유지하긴 했지만, 이런 반복적인 가격경쟁 정책은 결국 올리브유 카테고리 전체 시장의 가격하락을 초래하게 됐습니다.

이처럼 마케팅에 있어서 '가격'만을 활용한 경쟁전략은 대부분 카테고리 전체의 저급화와 수익구조 악화로 이어지는 경우가 많습니다. 이런 가격 일변도의 경쟁보다는 품질 및 브랜드력에 의한 공정한 경쟁이 돼야 소비자에게는 질 좋은 제품을 합리적인 가격에 제공할 수 있고, 메이커 입장에서는 적정이윤 확보가 가능해집니다.

결국 연애를 할 때도, 마케팅 전략을 세울 때도 Trade off 관계에 있는 2가지 변수 중 하나를 극단적으로 활용하기 보다는 두 변수의 상대적 강도를 상황에 맞게 최적의 조합으로 유지할 필요가 있습니다. 한 발 더 나아가 두 변수의 총합 자체가 커지게 하는 노력을 지속적으로 해나가야 합니다.

여러분은 가슴 두근거리는 설렘과 친구 같은 편안함 중 어떤 느낌을 좋아하나요? 사랑의 속도를 조절해보시길….

*시장점유율(Market Share) : 특정 브랜드가 시장 전체에서 차지하는 매출 또는 판매량의 비중

콘텐츠 전개방식은
이용자의 목적에 맞도록

    같은 콘텐츠 영역이라도 고객이나 정보이용자가 어떤 목적으로 콘텐츠를 소비하느냐에 따라 콘텐츠의 전개방식이 완전히 달라져야 합니다. 여행정보 가이드북과 여행 에세이를 비교해서 생각해보면 쉽게 이해할 수 있습니다. 두 책 모두 '여행'이라는 공통 소재를 다루지만, 목차나 내용구성, 톤 앤 매너, 글의 전개방식, 사진활용도에서 차이가 있을 뿐 아니라, 심지어 책의 일반적인 크기나 분량에도 차이가 있습니다.

    물론 콘텐츠별로 분류기준이 다르고 서로 겹치는 부분도 있어서 모든 콘텐츠를 딱 잘라 완벽하게 구분하기는 어렵습니다. 다만 고객이나 정보이용자들의 콘텐츠 소비목적에 따라 크게 '정보제공형', '감성소구형', '본능자극형' 및 이런 유형들이 섞여 있는 '혼합형' 콘텐츠로 나눠볼 수 있습니다.

👍 정보제공형 콘텐츠의 핵심은 눈높이 맞추기

이 중에서 '마케팅' 목적의 SNS 콘텐츠에서 가장 중요하게 활용해야 하는 형태는 소비자에게 정보가치적인 공감을 제공하는 '정보제공형 콘텐츠'입니다. 정보제공형 콘텐츠란 말 그대로 특정 대상에 대한 정보를 알려주는 콘텐츠를 의미합니다.

SNS 콘텐츠는 한정된 타겟을 대상으로 하지 않는다는 특성상 소비자나 정보이용자가 콘텐츠 정보에 대해 아무것도 모른다는 전제를 두고 해당 정보를 빨리 이해하고 그대로 따라만 하면 되도록 쉽게 만들어야 합니다. 따라서 정보제공형 SNS 콘텐츠에서의 핵심은 콘텐츠 수준을 위와 같은 조건에 맞도록 아주 세심하게 관리해야 한

〈출처 : 오롱이 블로그〉

디는 데 있습니다.

　그럼에도 불구하고 고객이나 정보이용자의 입장을 고려하지 않은 콘텐츠가 생각보다 많습니다. 이는 콘텐츠를 의도적으로 그렇게 만들었다기 보다는, 콘텐츠를 만들 때 무의식 중에 정보 제공자와 수용자 사이에 존재하는 '정보의 비대칭성'을 간과하고 작성하는 경향이 강하기 때문에 생기는 결과입니다. 즉, 콘텐츠 제공자 입장에서 이런 부분을 신경 써서 만들더라도 자신이 잘 알고 있거나 너무 쉽고 당연하다고 생각하는 정보에 대해서는 본의 아니게 어려운 용어를 쓰는 등 정보를 완전하게 제공하지 못하는 경우가 많습니다.

　예를 들어 난생 처음 가는 산에 대한 등산코스를 검색해서 찾은 콘텐츠에 자세한 코스 소개나 유의점 등에 대한 정보는 없고 자신이 최단시간에 정상을 정복했다는 자랑거리나 아름다운 풍광사진만 있는 경우가 그렇습니다. 또한 등산코스를 소개하더라도 어떤 교통편을 이용하는지, 등산로 입구는 어디인지, 코스별 난이도는 어떤지, 화장실은 어디에 있는지, 평균 산행시간은 얼마나 되는지 등에 대한 자세한 설명은 나와 있지 않은 경우도 많습니다. 이러다 보니 어지간한 등산코스 하나를 제대로 파악하려면 관련 SNS 콘텐츠 대여섯 개정도를 서로 보완하면서 참고해야 할 때가 많습니다.

　이를 해결하는 가장 좋은 방법은 해당 콘텐츠를 초등학생이 봐도 쉽게 이해할 정도로 자세하게 설명해주는 것입니다. 콘텐츠를 게시하기 전에 해당 정보에 대해 전혀 모르는 사람을 대상으로 미리 테스트해보는 것도 좋습니다. 그렇게 지인이나 친구 등 본인만의 모니터링 그룹을 운영하면서 필터링하는 과정을 거치면 훨씬 더 쉽고 친절한 정보제공형 콘텐츠를 만들 수 있습니다.

이런 콘텐츠를 만들어서 이용자들과 소통하고 있는 대표적인 유튜브 채널로 〈엄마, 내가 알려줄게〉를 들 수 있습니다. 젊은층과는 달리 나이가 어느 정도 있는 전업주부의 경우 IT나 디지털 미디어 정보와 관련해 기본 용어조차 이해하지 못하는 경우가 많습니다. 〈엄마, 내가 알려줄게〉 채널에서는 이런 주부층에게 어려운 디지털 기술이론이나 상식, 특히 유튜브 관련 용어들을 아주 쉽게 풀어서 알려주고 있습니다. 아래 사례처럼 어지간히 젊은 사람들은 다 알고 있는 '먹방, 라이브, 자막, 해상도, 좋아요, 알람, 구독' 등의 용어까지 아주 꼼꼼히 열거해서 설명하고 있으며, 심지어 '해상도'라는 용어를 설명하기 위해 실제 운영자가 올리는 영상의 해상도를 몇 번씩 바꿔가면서 이용자들을 쉽게 이해시키려고 노력하고 있습니다.

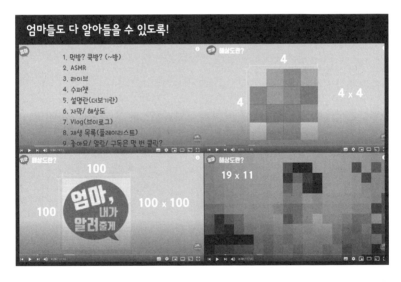

〈출처 : '엄마, 내가 알려줄게' 유튜브채널〉

어행 정보 콘텐츠의 경우에도 한 번도 해당 여행지를 가본 적이 없는 사람이라도 대부분의 정보를 알 수 있을 정도로 만들어야 합니다. 특히 짧은 시간에 많은 비용을 들여서 낯선 여행지로 자유여행을 준비하는 사람에게는 해당 여행지에 대한 정보제공형 SNS 콘텐츠가 가히 절대적인 영향을 미친다고 할 수 있습니다. 해당 콘텐츠에 비행기, 현지 교통편, 숙박, 맛집, 관광지 등에 대한 불완전하거나 잘못된 정보가 포함된 경우 여행 전체를 망칠 수도 있는 치명적 결과를 줄 수 있기 때문이죠.

👍 감성소구형 콘텐츠는 감성적 공감 중심으로

반면에 '정보제공형'이 아닌, 여행 에세이 같은 '감성소구형' 콘텐츠의 경우 자세한 정보보다는 말 그대로 감성적 공감을 제공하는 것이 중요합니다. 즉, 여행 에세이형 콘텐츠라면 여행을 하면서 느끼는 감정, 현지 문화를 접했을 때 떠오른 단상 등을 가볍게 서술함으로써 해당 여행지를 실제로 가보지 못한 정보이용자들에게 감성적 공감과 함께 일종의 대리만족을 느끼게 해줘야 합니다.

👍 본능자극형은 말 그대로 욕구가 생기도록

'본능자극형' 콘텐츠란 먹방, 패션, 뷰티, 연애 콘텐츠 등 말 그대로 인간의 본능적인 욕구를 자극하는 형태의 콘텐츠를 말합니다. 이런 콘텐츠는 관련 정보에 대한 자세한 설명보다는 맛있게 먹는 모습이

따라 먹을 것인가, 참을 것인가?

나 소리를 생생한 영상으로 보여주거나, 다양한 옷과 어울리는 화장법 등을 쨍한 사진으로 보여주는 방식을 활용하는 것이 더 효과적입니다.

따라서 이런 콘텐츠 유형은 무엇보다 오감을 자극하는 영상촬영 및 편집기술을 적극적으로 활용할 필요가 있습니다.

👍 콘텐츠 유형을 섞어주는 혼합형 콘텐츠

마지막으로 콘텐츠 유형에 관계없이 내용의 취지에 벗어나지 않는 범위 내에서 인간의 본능을 자극하는 정보를 섞어주는 '혼합형' 콘텐츠가 있습니다. 이런 식으로 콘텐츠 유형을 혼합해서 활용하면 기본 이상의 공감을 끌어내는 장점을 얻을 수 있습니다.

〈출처 : mountainholic 인스타그램〉

예를 들어 여행이나 등산 콘텐츠에 '여행지에서 맛본 음식이나 산 정상에서 먹은 도시락' 등의 먹거리 콘텐츠를 혼합하면 이용자들에게서 단순 맛집이나 음식 소개를 했을 때 이상의 관심을 불러일으킬 수 있습니다. 이밖에도 여행 콘텐츠에 '여행지에 어울리는 패션'이나 '등산 갈 때 화장법'처럼 누구에게나 잘 보이고 싶은 기본 욕구를 접목함으로써 얼마든지 더 흥미로운 콘텐츠로 만들 수 있습니다. 또한 해당 음식에 대한 자세한 정보(음식명, 브랜드, 구입처, 영수증 등)를 함께 제공해주는 먹방 역시 혼합형(본능자극형+정보제공형) 콘텐츠가 될 수 있습니다.

결국 같은 소재의 콘텐츠라고 하더라도 이용자들이 정보를 추구하느냐, 감성적인 대리만족을 원하느냐, 본능적 욕구를 충족하고자 하느냐에 따라 콘텐츠를 풀어내는 방식을 달리할 필요가 있다는 것이죠. 특히 정보제공형 콘텐츠의 경우 더욱 고객이나 정보이용자의 눈높이에 맞춰야 한다는 점에 유의할 필요가 있습니다.

콘텐츠는 진심을 기반으로
요령껏 만들어야

진심이 동반되지 않는 제품·서비스 및 그와 관련된 콘텐츠는 실시간으로 SNS상에서 정확한 정보를 비교·검색하는 소비자들을 더이상 설득하거나 이해시킬 수 없습니다.

👍 유튜브 성장의 어두운 이면, 뒷광고 논란

이와 관련해 요즘 마치 10여년 전 블로그 사태를 떠오르게 하는 유튜브 '뒷광고 논란'이 이슈가 되고 있습니다. 광고비나 협찬을 받아 만든 콘텐츠를 실제 사용해보니 좋다는 식으로 포장해서 일반 이용자들의 공동구매를 유도하는 방식인데요, 여기서 문제가 되는 점은 해당 콘텐츠가 광고임을 명확히 밝히지 않았다는 데 있습니다.

유튜브는 주로 젊은층을 대상으로 음식을 즐겁게 먹는 모습, 가보고 싶은 전 세계 여행지에서의 신기하고 멋진 풍광, 연예인처럼 예쁘게 입고 화장하는 패션 따라하기 등의 콘텐츠로 이용자들의 본능적 욕구를 자극함으로써 급성장한 SNS 플랫폼입니다. 하지만 무엇이든 짧은 시간에 폭발적으로 성장하는 과정 이면에는 어두운 면이 있게 마련입니다. 유튜브도 그렇습니다.

뒷광고가 횡행할 수밖에 없는 이유

뒷광고가 횡행하는 데는 최근 유튜버들의 수익성 악화와 밀접한 관련이 있습니다. 초기 유튜버들은 경쟁과 규제가 비교적 덜한 상황에서 생각보다 많은 수익을 얻었습니다. 그러다 유튜브 사용자가 증가하고 인기 SNS 플랫폼으로 성장하자 수많은 플레이어들이 시장에 진입하게 됩니다.

이렇듯 광고 총액은 크게 증가하지 않은 상태에서 경쟁자들이 기하급수적으로 증가하다 보니 개별 채널 운영자들이 얻는 수익은 줄어들 수밖에 없는데요, 이러한 유튜브의 경쟁구도는 대표적 콘텐츠인 먹방의 트렌드 변화를 통해서도 확인할 수 있습니다. 초기 먹방은 무조건 많이 먹기만 하면 됐습니다. 그런데 경쟁이 점점 치열해지면서 단순히 먹는 양뿐만 아니라 얼마나 끝까지 맛있게 먹는지가 중요하게 됩니다. 심지어 일반인보다 날씬하고 많이 먹을 것 같지 않은 매력적인 외모를 가진 먹방러들까지 대거 시장에 참여하면서 경쟁 강도가 점점 치열해지고 있습니다.

또한 유튜브에 대한 광고주들의 이해도가 높아지고, 유튜브 콘텐츠와 관련한 사회문제들이 늘어나면서 특히 어린이, 정치, 욕설 비방 콘텐츠 등에 대한 강도 높은 규제가 실행되는 등 광고 자체를 싣지 못하는 상황이 발생되기도 했습니다.

마지막으로 유튜브 구독자들이 증가하면서 그에 따른 요구수준도 높아졌다는 점도 채널운영 수익을 떨어뜨리는 원인이 되고 있습니다. 콘텐츠 수준을 높이기 위한 인건비, 장비, 기획 등의 전반적인 제작비 상승으로 인해 광고수익이 갈수록 악화되는 구조에 직면한 것이죠.

유독 뒷광고에 크게 배신감을 느끼는 이유

이런 상황에서 '뒷광고'라는 돈벌이를 외면할 만한 유튜버가 몇이나 될까요? 사실 채널 운영자 입장에서는 구독자들의 공감을 얻기 위해 콘텐츠를 '내가 먹어봤는데 또는 사용해봤는데 괜찮더라'는 식으로 만들어야 합니다. '특정 제품에 대한 광고입니다' 하는 순간 이용자들은 거부감을 느낄 수밖에 없기 때문입니다.

바로 이런 점에서 소비자들이 일반 광고에 비해 SNS 뒷광고에 대해 더 큰 실망감을 나타내고 있는 것입니다. 일반인 입장에서는 솔직히 '광고'라는 사실을 알고 있으면 유명모델이 평상시에 그 제품을 사용하든 말든 별 관심이 없습니다. '뭐 광고비 받았으니까 그렇겠지'라고 이해할 수 있는 일입니다.

하지만 구독자 형태의 팬덤으로 커뮤니티가 형성된 유튜브 채널의 경우는 그렇지가 않습니다. 평소 친구처럼, 때로는 언니나 형처럼 믿고 따르던 채널 운영자가 '좋아서 추천한다고, 심지어 자신이 직접 돈을 주고 사서 써보니 너무 좋다'고 해서 샀는데, 알고 보니 돈 받고 소개한 광고상품이었음을 알았을 때 충격과 실망은 클 수밖에 없습니다. '아니, 언니가 어떻게 나한테 이럴 수 있어' 하는 배심감에 말이죠.

뒷광고 외에 SNS 채널 운영자의 인기를 기반으로 상품을 만들어 판매해서 성장한 기업이나 브랜드에 대한 문제가 발생하기도 합니다. 주로 의류, 화장품, 액세서리 등 온라인 쇼핑몰에서 판매되는 이런 상품에 대해 품질문제가 생기거나, 고객대응이 미숙하거나, 사후 서비스 등에서 이슈가 발생하면 일반 기업과 달리 그 파급효과는 심각할 수 있습니다.

어지간히 알려진 대기업이라면 일정 수준 이상의 품질력과 고도화된 고객관리 시스템, 오랜 기간 쌓아온 고객과의 신뢰가 있기 때문에 한두 번의 실수로 고객들이 해당 브랜드를 쉽게 외면하지는 않습니다. 잠깐 돌아섰다가도 일정 시간이 지나면 다시 돌아올 가능성이 높습니다.

하지만 SNS를 통해 짧은 기간에 성장한 개인 브랜드는 소비자들이 해당 브랜드와 개인(채널 운영자)을 동일시하기 때문에 단순히 제품에 대한 실망을 넘어 해당 채널의 팬으로써 운영자에 대해 심한 배신감을 느끼게 됩니다. 이런 배신감으로 인한 팬들의 분노는 쉽게 가라앉지 않으며 결국 한두 번의 품질논란이나 미숙한 운영 등으로 어렵게 쌓아온 브랜드 이미지가 한순간에 곤두박질 칠 수도 있습니다.

👍 뒷광고 논란의 근본적인 문제는 다른 곳에 있다

이런 현상에 대해 '잘나가는 유튜버가 굳이 왜 그렇게까지 할까?'

라는 의문이 들 수도 있지만 그 이유는 간단합니다. 소비사만 살 속인다면, 유튜버는 광고비 받아서 좋고, 제품 공급회사는 매출이 올라 좋으니 양쪽 모두 득이 되는 일이기 때문이죠. 특히 해당 유튜버는 돈 받고 하는 광고행위임을 드러내지 않고 진심으로 팬들을 위해 좋은 제품을 추천한다는 식으로 콘텐츠를 만듦으로써 자신의 이미지에 상처를 내지 않고도 수입을 올릴 수 있기에 더욱 이런 유혹에 빠지기 쉽습니다.

구독자를 기만하고 이득을 취한 유튜버들은 일정 부분 윤리적으로 지탄받아 마땅합니다. 그런데 사실 여기서 우리는 뒷광고에 실망한 사람들의 분노보다는, 역으로 SNS에서 이용자들에게 신뢰받는 운영자가 만들어내는 공감콘텐츠의 영향력이 그 분노의 크기만큼이나 대단하다는 사실에 주목해야 합니다. 즉, 그들이 '광고'라는 내용을 속일 만큼, 이제는 소비자들이 더이상 일방적인 광고 메시지에는 반응하지 않는다는 얘기입니다. 반응은커녕 심한 반감을 느낄 정도입니다. 상황이 이렇다 보니 언제부터인가 '광고'가 SNS 콘텐츠 영역으로 들어와 '광고'가 아닌 척 소비자 관심 콘텐츠 행세를 하게 된 것이죠.

또 하나 간과하면 안 될 사실은, 과연 뒷광고를 통해 판매를 권유한 제품이 정말 좋은 제품이었냐는 점입니다. 비록 뒷광고였지만 좋은 제품을 합리적인 가격에 구매했다면 냉정하게 말해서 소비자 입장에서는 손해될 일이 없습니다. 뒷광고의 근본적인 문제라면 형편없는 제품을, 그것도 비싼 가격에 운영자를 믿고 따르는 구독자들의 팬심을 악용해서 판매한 경우라고 할 수 있겠죠.

결국 유튜브 뒷광고가 주는 교훈은 어떤 미디어를 활용하든, 심지어 가족이나 지인에게 추천하더라도 일단 '기본적으로' 소개하는 제품이나 서비스의 품질이 좋아야 한다는 것입니다. 요즘 너도나도 투잡의 수단으로 각광 받고 있는 스마트스토어나 구매대행도 결국 그곳을 통해 팔리는 제품의 품질력과 가격경쟁력이 없으면 무용지물입니다.

SNS 마케팅도 마찬가지입니다. SNS를 통해서 소개하고 알리는 제품 자체의 상품력이 있어야 하며, 그를 알리는 콘텐츠 역시 사실에 기반한 신뢰도를 담보해야 한다는 점이 기본 중에 기본이 돼야 한다는 것이죠.

이러한 기본을 지키지 않으면 아무리 좋은 미사여구로 설득해서 상품을 알리고 판매한다고 해도 일회성에 그치게 됩니다. 아니 오히려 더 많은 사람들에게 부정적인 인식이 확산돼서 해당 제품이 시장에서 사라질 수도 있습니다. 한 번은 모르고 살 수 있지만, 실제 사용해본 제품이 기대수준에 못 미치면 구매자가 재구매를 안 하는 것은 물론, 다른 사람들에게까지 부정적 이슈를 전달할 수 있다는 사실을 간과해서는 안됩니다.

결국 좋은 품질의 제품을 공감이라는 요령을 통해 진심 어린 콘텐츠로 만들어 전달해야만 소비자들에게서 오랜 기간 꾸준하게 사랑받을 수 있다는 점을 잊어서는 안 됩니다.

사랑이란 것이 저마다 형편이나 상황에 따라 다른 정의를 가지고 있기 때문에 몇 마디 단어로 규정하기는 어렵습니다. 다만 아주 단순하게 2개의 핵심 단어로 규정해본다면 '진심'과 '요령'이 되지 않을까요. 누군가를 사랑한다는 것은 '진심'을 가지고 '요령껏' 상대를 설득하는 과정이라고 볼 수 있기 때문이죠.

예전에 필자는 드라마에서 짝사랑하는 주인공을 보면 상대를 향한 진심만 있으면 된다고 생각하곤 했습니다. 혹시나 들킬까 몰래 숨어서 짝사랑하는 상대를 지켜보거나 심지어 보고 싶은 마음에 아침 일찍부터 그 사람 집 주변을 맴도는 주인공의 모습을 보면서 언젠가는 그 사람이 주인공의 진심을 알아주겠지 하고 말이죠.

하지만 주인공이 아무리 좋아하고 쫓아다니고 사랑을 표현해도 상대방이 별 반응을 보이지 않는 경우가 많았습니다. 당시에는 상대를 향한 주인공의 진심어린 마음은 어느 누구에게 뒤지지 않을 정도인데 왜 눈길 한 번 주지 않을까 하는 궁금증이 들기도 했습니다.

그런데 시간이 지나 생각해보니 그 주인공들은 좀 요령이 부족한 사람이었거나 스토커였을 수도 있다는 생각이 들었습니다. 사실 필자가 사랑에는 진심과 요령이 모두 필요하다는 사실을 깨달은 것은 그 후로도 한참이 지나서였습니다. 진심만을 혼자 간직하거나, 요령 없이 그 마음을 직설적으로 표현한다면 가슴앓이만 하는 바보가 되거나 스토커가 되기 쉽고, 진심 없이 요령만 부리면 바람둥이가 되기 쉽다는 사실을 알게 된 것이죠.

사랑뿐만 아니라 마케팅에도 진심과 요령이 모두 필요합니다. 제품 자체에 소비자에게 줄 수 있는 혜택(진심)이 존재해야 하고, 그 혜택이 되는 핵심 속성을 마케팅이라는 수단을 활용해서 요령껏 효과적으로 전달해야 시장에서 성공할 수 있습니다. 실질적인 혜택이 없는 제품을 감언이설로 꾸며서 소비자에게 전달하면 초기에는 일부 판매가 되더라도 얼마 지나지 않아 양치기 소년처럼 소비자의 신뢰를 잃게 됩니다. 반대로 제품이 아무리 좋아도 적기에 요령껏 마케팅하지 않으면 수많은 경쟁제품에 묻혀서 타겟 고객 근처에도 가보지 못하고 사라질 수도 있습니다.

당신의 제품은 '진심=제품혜택, 요령=마케팅'이라는 등식이 성립하고 있나요?

콘텐츠의 가치는
꾸준하게 지속될 때 빛이 난다

세상 일이 다 그렇듯이 일정 시간 이상의 꾸준함이 담보돼야만 조그만 성취부터 차근차근 이뤄나갈 수 있습니다. 어떤 분야의 전문가가 되려면 최소 1만 시간의 노력이 필요하다는 얘기가 있습니다. 하루 10시간이면 3년 정도, 하루 3시간이면 10년 정도의 시간이 필요하다는 것이죠.

이러한 꾸준함이 반드시 필요하고 중요한 분야가 바로 SNS입니다. 책이나 영화 등은 이슈나 트렌드에 맞춰 단발성으로 기획하고 제작하기도 합니다. 하지만 SNS는 이미 우리에게 일상화된 미디어로서 일정한 주기로 꾸준하게 콘텐츠를 만들어내는 것이 가장 중요한 속성 중 하나입니다. 아무리 정보원이 믿음이 가고, 제품이 좋고 그에 따른 콘텐츠가 잘 만들어졌더라도 한 달에 한두 번, 심지어 1년에 몇 개 안 되는 콘텐츠를 구독하려고 해당 채널을 방문하고 팬심을

성공한 유튜버의 첫 번째 핵심요소는 '근면성'

근면함이 가장 중요한 무기라고 생각합니다

〈출처 : '김작가TV' 유튜브채널〉

유지하는 사람들은 없을 테니까요.

　SNS 마케팅에서의 꾸준함이란 '고객의 눈높이에 부합하는 콘텐츠를 일정 기간 이상 지속성을 가지고 만들면서 고객과 소통하는 것'을 말합니다. 이런 꾸준함이 지속됐을 때 소비자의 공감을 얻을 수 있고, 해당 정보를 제공하는 정보원이나 제품에 대한 신뢰도도 꾸준히 상승하게 됩니다.

👍 콘텐츠 생산의 꾸준함을 유지하기 위한 2가지 요소

　이런 꾸준함을 유지하려면 다음 2가지 요소가 뒷받침돼야 합니다.

날마다 소통하는 부지런함

　첫째, '날마다' 콘텐츠를 고민하고 만들어내고 소통하는 '근면성'입니다. 부지런함과 인내심이 있어야 한다는 뜻입니다. 이를 위해 매일 콘텐츠 발행을 기본으로 하고, 출장이나 여행 등 피치못할 상황이 발생하는 경우에 대한 대비책도 마련해놓아야 합니다. 예를 들어 블로그 포스팅이라면 반드시 미리 예약발행을 하고, 인스타그램이라면 대중교통 이용시간에도 짬짬이 포스팅을 하는 식으로 말이죠. 또한 댓글에 대한 답글 달기나 이웃채널에 대한 방문 및 소통 또한 주기적으로 하는 것이 좋습니다.

유튜브도 마찬가지입니다. 예를 들어 여행 콘텐츠 유튜브 채널의 경우 화려하고 멋진 보여주기식 단발성 콘텐츠를 다루는 채널은 많은 반면, 특정 여행지에 대해 일정 기간 이상 꾸준히 정보를 제공하는 채널은 거의 없습니다. 관련 여행지 등의 키워드로 검색해보면 첫 회나 2~3편 정도 만들다 멈춘 경우가 대부분입니다. 이는 아마도 여행 콘텐츠 특성상 동영상 제작에 품이 많이 들고 여행지 방문비용도

<출처 : 'sara' 유튜브채널>

많이 들기 때문이 아닐까 생각됩니다.

하지만 이런 경우에도 생각을 좀 달리할 필요가 있습니다. 즉, 꼭 뛰어난 화질이나 현란한 기술을 고집할 필요없이 일정 기간 이상 꾸준히 관련 동영상 콘텐츠를 올리는 것이죠. 이런 식으로 여행지와 관련한 정보를 꾸준히 소개만 해도 해당 여행지에 관심이 있는 구독자들에게는 충분히 최고의 콘텐츠가 될 수 있습니다.

일상을 꿰뚫어보는 통찰력

둘째, 일상을 유심히 관찰하고 꿰뚫어보는 '통찰력'입니다. '근면성과 통찰력', 언뜻 보면 이질적으로 보이기까지 하는 이 2가지 요소는 사실 불가분의 관계에 있습니다. 충분한 시간과 자본이 없는 개인이 물리적으로 지치지 않고 매일 꾸준하게 콘텐츠를 만들어내려면 자신의 주변 일상에서 계속해서 좋은 소재를 찾아내야 합니다.

이를 위해서는 필수적으로 평범한 일상을 새로운 관점으로 바라보는 통찰력이 선행돼야 하는데요, 앞서 콘텐츠의 '소재'는 범용적이며 일반 사람들이 관심 있어 하는 분야가 좋다고 한 이유도 이 때문입니다. 즉, 일반적이고 상식적이며 내 주위에서 쉽게 일어나거나 일어날 만한 콘텐츠를 선택해야만 날마다 꾸준히 콘텐츠를 만들어낼 수 있기 때문이죠. 가끔 한두 번 독특하고 신기한 소재를 활용할 수는 있겠지만, 날마다 꾸준히 그런 소재로 콘텐츠를 만들기에는 현실적으로 어려움이 많을 수밖에 없습니다. 따라서 SNS 콘텐츠에서의 꾸준함에는 '일상을 제대로 활용할 수 있다'라는 대전제가 필요합니다. '일상을 콘텐츠화'해야 한다는 뜻입니다.

혹자는 '날마다 반복적으로 일어나는 내 행동이나 주변 상황을 그대로 묘사'하는 게 무슨 콘텐츠가 되느냐고 반문하기도 합니다. 그런데 여기서 일상을 콘텐츠의 재료, 즉 소재로 써야 한다는 의미는, 일상의 스쳐 지나가는 단면이나 상황을 유심히 관찰해서 기록하거나 기억해두고 있다가, 거기에서 떠오르는 나의 생각이나 철학을 그 장면과 함께 결합시켜서 정보이용자들이 관심 있어 하는 콘텐츠로 만들어내는 것을 의미합니다.

예를 들어 중화요리집 사장님이 SNS를 통해 가게를 알리고 마케팅도 하려는 경우를 가정해보겠습니다. 이런 경우 막상 콘텐츠를 만들려고 하면 대부분 메뉴소개, 가격, 이벤트 할인정보 외에는 달리 더 할 얘기가 떠오르지 않습니다. 한두 번이야 그런 정보들로 콘텐츠를 만들 수 있겠지만 그렇다고 1년 내내 짜장면, 우동, 짬뽕 메뉴나 가격 얘기만 할 수는 없지 않을까요?

이런 문제는 중화요리집 사장님 입장에서 자신이 만드는 요리가 일상이고, 그것이 소재의 대부분이라고 생각하기 때문에 생기게 됩니다. 그런데 조금만 더 고민하거나 생각을 비틀어보면 아래 사례처럼 사장님에게는 평범한 일상이지만, 해당 콘텐츠를 소비하는 구독자들에게는 흥미로운 내용을 얼마든지 만들어낼 수 있습니다.

짜장면집 사장님(또는 가족들)은 식사를 뭘로 할까? / 중화요리집 사장님은 지금까지 짬뽕을 몇 그릇 먹었을까? / 짜장면과 짬뽕 중 어느 메뉴를 파는 게 더 이익일까? / 점심시간에 배달이 밀려 있을

때는 어느 메뉴를 시키는 게 더 빠를까? 등

예를 하나 더 들어볼까요? 요즘 노령인구가 늘어남에 따라 지역마다 '노인주간보호센터'를 운영하고 있습니다. 이런 경우에도 SNS상에서 센터를 홍보하려고 할 때 '우리 센터는 시설이 좋고 선생님들이 친절합니다' 등의 내용을 소개하고 나면 더이상 어떤 콘텐츠를 올려야 할지 난감한 경우가 많습니다. 이럴 때 센터를 이용하고자 하는 고객의 입장에서 생각해보면 얼마든지 이런 식으로 관심 콘텐츠를 만들어낼 수 있습니다.

- 센터를 방문하거나 현재 이용 중인 가족들의 이야기(대부분 자식들이 부모님을 모시고 온다는 점에서 해당 부모님이 젊은 시절 자식들을 키우기 위해 억척스럽게 살아온 이야기 등)
- 연로한 분들은 한두 가지 이상 만성질환이 있을 확률이 높으므로, 일정 연령대 이상의 노인분들이 관심을 갖고 관리해야 할 질병에 대한 이야기
- 건강관리를 위해 되도록 지켜야 할 식이요법이나 운동 등에 대한 상식

이렇게 평범한 일상에서 뭔가 가치와 의미가 있는 콘텐츠를 꾸준히 만들어내는 데 있어서 가장 중요한 능력이 '관찰력'과 '통찰력'입니다.

그림을 그릴 때 가장 기본이 되는 능력은 그릴 대상을 정확히 볼

잘 볼 줄 알아야, 제대로 그릴 수 있다

줄 아는 것입니다. 대상을 제대로 주의 깊게 보는 눈이 있어야 그것을 그대로 그릴 수 있기 때문입니다. 여기에 사람의 감정이나 사건의 숨겨진 의미를 꿰뚫어보는 통찰력이 더해졌을 때 사람의 마음을 움직이는 '아티스트'가 될 수 있습니다.

👍 당연한 것을 당연하지 않게 바라보기

SNS 콘텐츠를 만들 때도 마찬가지입니다. 즉, 남들이 무관심하게 흘려보내는 비슷비슷한 일상의 순간이나 장면에서 무언가를 찾아내고 의미를 부여할 수 있는 능력을 갖춰야만 좋은 콘텐츠를 꾸준히 만들 수 있습니다.

그럼 관찰력과 통찰력을 기르는 가장 좋은 방법은 무엇일까요? 바로 '생각하는 방법을 바꾸는 것'입니다. 어떤 상황이나 현상을 대할 때 당연히 벌어지거나 주어진 것으로 보지 않고 '왜 저럴까? 언제부터 저랬을까? 저렇게 하지 않은 사람은 없는 걸까? 왜 이렇게만 해야 하나?' 등 항상 '근본에 대한 회의'를 가져보는 것이죠. 이렇게 상황이나 현상을 바라보는 시각을 고객이나 정보이용자 입장으로 조금만 바꿔봐도 사고가 유연해진다는 사실을 깨달을 수 있습니다.

우리 삶 주변에는 몸에 배인 관성들로 일어나는 문제들이 꽤 많습니다. 필자가 예전 한 회사의 회장님 직속 TF팀에서 근무할 때도 그런 일이 있었습니다. 한 번은 회장님의 지시라는 암묵적인 전제 하에 상무님 이하 모든 팀원이 3개월간 꼬박 야근까지 해가며 일사불란하게 작업해서 특정 미션 달성을 위한 보고서를 만든 적이 있습니다. 일반 부서도 아닌 특정 목적을 위해 회장님 직속으로 기획된 TF팀이었으니 누구도 그 일을 왜 하는지에 대한 의구심을 갖지 않았었습니다. 그런데 결과적으로 회장님이나 회장단 그 어디에서도 그런 일을 지시한 적이 없다는 사실을 알고 팀원 모두가 허탈하게 쓴웃음을 지었던 기억이 있습니다. 그때 누구라도 '이게 고객을 위해 지금 우리 팀에서 꼭 해야 할 일인지'에 대한 근본적인 의문을 가졌다면 상황이 달라지지 않았을까요?

인간의 뇌는 비슷한 현상이나 개념들을 스키마(기억 속에 저장된 지식, 지식의 추상적 구조)라는 현상을 통해 자동처리함으로써 많은 정보를 한정된 시간 내에 처리할 수 있게 됩니다. 이것이 한편으로는 뇌

평범한 일상을 꿰뚫어보는 눈이 있다면…

기능의 장점으로 볼 수도 있습니다. 하지만 다른 한 편으로는 새로운 정보가 스키마에 어긋나는 경우 기존에 가지고 있던 개념화된 지식 구조의 변화 폭을 최대한 줄이도록 작동하기 때문에 생각의 틀을 바꾸거나 새로운 내용을 발견하기 어렵게 한다는 단점도 존재합니다.

일상을 당연한 것으로 받아들이지 않고 새롭게 바라보는 관찰력과 통찰력을 기르기 어려운 이유는 기본적으로 위와 같이 게으름을 지향하는 뇌의 기능을 거스르는 일이기 때문입니다. 하지만 그렇더라도 일상에서 현상을 바라보는 방법이나 사고하는 방법을 반복적·지속적으로 바꿔나가는 훈련을 해나가면 새로운 생각을 보다 쉽게 우리 뇌에 적응시킬 수 있습니다. 우리가 자전거를 배울 때 계속해서 넘어지면서도 일정 시간 이상 반복적으로 연습하면 조금씩 중심이 잡히고 그것이 몸에 배일수록 자전거 타기가 수월해지는 것과 같은 이치입니다.

이런 식으로 고정관념이나 선입견에서 벗어나 환경이나 상황변화에 유연하게 대처하는 능력을 길렀을 때 비로소 고객이나 정보이용자들에게 거부감을 주지 않는 매력적인 콘텐츠를 꾸준하게 만들어 낼 수 있습니다. 쉽게 말해 누구에게나 있는 자신만의 보물을 일상속에서 끄집어내어 사람들에게 매력적으로 다가가는 콘텐츠로 만들어내는 것이 핵심입니다. 자신이 매일 일상에서 고민하고 경험해서 만든 콘텐츠만큼 이용자들에게 공감백배로 다가갈 수 있는 '찐' 콘텐츠는 세상 어디에도 없기 때문입니다.

시의성 없는 콘텐츠는
아무도 보지 않는다

　다음 쪽 그림은 2019년에 온라인 세계에서 단 60초만에 발생한 엄청난 데이터의 양을 표현한 것입니다. 실제로 지난 1~2년 간에 인류가 지금까지 만들어낸 데이터의 대부분이 만들어졌다고 알려져 있으며, 앞으로도 그 양이 기하급수적으로 늘어날 것으로 예상되고 있습니다.

　이처럼 쏟아지는 데이터의 홍수 속에서 이용자들은 나름의 기준을 갖고 정보를 선택할 것입니다. 때로는 SNS 플랫폼의 알고리즘을 통해, 때로는 신망 있는 지인이나 정보원의 추천을 통해서 말이죠.

　그런데 이용자들이 각각 어떤 기준으로 정보를 선택하느냐와 관계없이 가장 중요한 선택의 기준이 되는 것이 바로 '정보의 타이밍', 즉 '시의성'입니다. 물리학처럼 만고불변의 진리와 같은 학문이 아니라면, 어떤 콘텐츠든 해당 시점의 상황이나 성질에 들어맞지 않으면

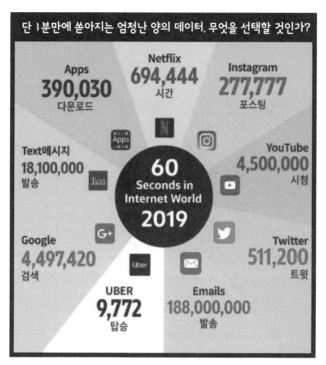

〈출처 : ORACLE〉

상대적으로 정보가치가 떨어지고 우선순위에서 배제될 확률이 높기 때문입니다.

👍 단기성 이슈 콘텐츠를 다루는 노하우

이런 시의성, 즉 타이밍에 관련된 콘텐츠는 크게 '단기성'과 '중·장기성'으로 나누어볼 수 있습니다.

예를 들어 TV 프로그램이나 스포츠 경기 등의 카테고리는 짧게 치고 빠지는 속도가 절대적으로 중요한 콘텐츠 영역입니다. 해당 방송이나 경기가 끝나는 시점에 시청자들의 관심이 최고조로 증폭되다가 일정 시간이 지나면 관심 밖으로 밀려나는 경향을 보이기 때문입니다. 즉, 해당 시점이 지나면 정보가치가 급속도로 하락하는 '1회성 소멸 콘텐츠'라고 보면 됩니다.

따라서 이런 콘텐츠 유형의 핵심은 깊이 있는 분석보다는 방송시점에 가장 중요하게 다뤄질 내용만을 짧고 임팩트 있게 만들어서 방송이 끝나자 마자 최대한 빨리 전달하는 데 있습니다. 예를 들어 TV 오디션이나 드라마라면, 오디션에서 누가 1등을 했는지, 주인공의 결정적 행동이 무엇인지 또는 다음 회차에서 내용이 어떻게 전개될지 등이 해당 방송이 끝나는 시점에서 가장 중요한 이슈가 됩니다.

축구나 야구경기라면, 누가 몇 골을 넣었는지, 누가 홈런을 쳤는지, 어떤 투수가 승리를 했는지가 가장 중요한 이슈가 됩니다. 따라

서 이러한 이슈로 콘텐츠를 만들려면 미리 양쪽 팀 전체의 전력이나 두 팀 간의 이전 경기 결과, 주요 선수의 이력 등을 미리 작성해두거나 촬영해두어야 합니다. 이런 기본 정보를 바탕으로 해당 경기를 실제 시청하면서 필요한 내용을 업데이트해놓았다가 경기가 끝나는 시점에 '실제 골을 언제 어떻게 누가 넣었는지, 누가 홈런을 쳐서 몇 점을 얻었는지' 등의 정보를 재빠르게 결합시켜 최대한 빠른 시간에 제작하고 업로드해야 합니다.

경기가 끝나자 마자 짧은 시간 안에 관련 콘텐츠가 폭발적으로 쏟아져 나오므로, 몇 분 내에 주목받지 못하면 해당 콘텐츠는 이미 쓸모가 없게 됩니다. 이미 결과를 알게 된 이용자들이 비슷한 내용의 다른 콘텐츠에 관심을 가질 리는 없기 때문이죠.

필자의 경우 월드컵이나 올림픽 시즌에는 새벽에 길거리 응원을 하다가도 경기결과가 나올 쯤에는 주변 PC방에 찾아가서 콘텐츠를 작성해서 발행하기도 했을 정도입니다.

👍 연간 반복되는 특정 시기별 이슈를 다루는 노하우

TV 프로그램이나 스포츠 경기와는 성격이 조금 다르지만 주로 사회적 사건을 다루는 시사 이슈에 있어서도 타이밍은 아주 중요합니다.

특히 시사 콘텐츠를 만들 경우 시의성과 함께 관련 분야에 대한 사전 지식이나 이해가 있어야 합니다. 이를 위해서는 평소 관련 분야별 뉴스나 글 등에 대한 정보를 주기적으로 수집하도록 시스템화해놓을 필요가 있습니다. 예를 들면 시사 카테고리별로 신뢰할 만한 뉴스·평론 등의 시사 미디어나 관련 SNS 플랫폼을 구독하고, 매일 일정 시간 모니터링할 수 있도록 알람 설정을 해놓는 것입니다. 그리고 이러한 정보에 자신의 채널만의 고유한 가치관이나 철학 등을 결합시켜 콘텐츠를 발행하는 방법을 활용하는 것이 좋습니다.

시의성이 중요한 또 하나의 소재로는 연간, 계절별, 월별, 시즌별로 발생하는 이슈들이 있습니다. 예를 들면 다음과 같이 매년 해당 시점에 항상 비슷하게 발생하는 이슈들을 말합니다.

추석 또는 설 명절 기차·버스 예매나 명절선물, 해수욕장 또는 스키장 개장시기, 벚꽃 개화시기, 단풍 절정시기, 첫눈 오는 시기

이러한 연간·계절별·월별·시즌별 이슈를 반영한 캘린더를 미리 만들어놓고 각 시점별로 콘텐츠를 제작하면 이용자들에게 중·장기적으로 보다 더 시의적절한 정보를 꾸준하게 제공할 수 있습니다.

콘텐츠 생산에 따른
'ROI(수익률)'를 확보하라

'ROI'는 Return On Investment의 약자로, 그대로 해석하면 '투자 대비 수익률'이 됩니다. 주로 경제지표를 읽거나 증권투자를 할 때 많이 쓰이지만, 요즘에는 일상의 다양한 상황에서도 쓰일 정도로 익숙한 용어가 됐습니다.

일상적인 의미에서의 'ROI'는 주로 '무언가를 할 때 인적자원 및 시간, 비용 등을 투자할 만한 값어치가 있는가'의 의미로 해석됩니다. 예를 들어 내가 지금 새로 가게를 오픈하거나, 대학원에 진학하거나, 아파트를 구매하려 할 때 투자가치가 있는지를 따져보는 지표라고 할 수 있습니다.

👍 노출확대로 콘텐츠 ROI를 높이는 방법

ROI 개념은 SNS 콘텐츠 영역에도 똑같이 적용됩니다. '콘텐츠 ROI'의 개념은 '콘텐츠를 제작하는 데 들어가는 인적자원·시간·비용 등의 구성요소 대비 콘텐츠의 수익'을 말합니다. 그리고 여기서의 수익에는 해당 콘텐츠로 인해 발생되는 소비자의 모든 참여과정, 즉 콘텐츠 노출 및 채널방문, 클릭과 좋아요를 통한 공감, 구매행동, 구매 이후 재확산까지의 과정이 모두 포함됩니다.

따라서 콘텐츠 ROI를 높이려면 당연히 콘텐츠 제작에 들어가는 노력을 줄이거나 그로 인해 얻는 수익을 늘리면 되는데요, 그럼 먼저 어떻게 하면 콘텐츠 수익을 늘릴 수 있는지부터 간략히 살펴볼까요? 참고로 콘텐츠 수익에 대해서는 SNS 플랫폼의 역할(4장) 및 키워드를 통한 소비자 니즈의 발굴(2장) 부분에서 더 자세하게 설명하겠습니다.

콘텐츠 수익을 늘리는 데 있어서 가장 중요한 요소는 해당 콘텐츠에 대해 관심 있는 이용자들에게 최대한 많이 '노출'시키는 것입니다. 이를 위해서는 이용자의 니즈가 반영된 '키워드'를 콘텐츠 제목이나 본문에 적정하게 반영해서 타겟 이용자들이 자발적 검색을 통해 해당 콘텐츠를 만나게 해야 합니다. 이런 식으로 적확한 타이밍에 타겟 이용자들에게 콘텐츠를 노출시키면 해당 콘텐츠를 소비하고 공감한 이용자들이 친구나 지인들에게 콘텐츠를 추천하는 참여행동을 하거나, 콘텐츠에서 소개한 제품이나 서비스를 직접 구매하는 행동을 함으로써 채널 운영자의 수익에 기여하게 됩니다.

👍 효율적 자원활용으로 콘텐츠 ROI를 높이는 방법

이번에는 콘텐츠 제작에 들어가는 자원을 줄이는 방법에 대해 알아보겠습니다. 조직이나 기업 차원에서 SNS를 운영하는 것이 아니라면(MCN 형태의 대형 매니지먼트 기획사와 계약해서 활동하는 개인 유튜버의 경우 콘텐츠 기획, 실행, 편집 등이 회사 차원에서 이루어지므로 논외로 합니다), SNS 운영에 투자되는 인적자원과 시간·비용 등의 자원을 항목별로 따로 관리하기는 쉽지 않습니다. 그보다는 현실적으로 인적자원과 시간·비용이 대부분 구분없이 사용된다고 볼 수 있습니다.

따라서 이런 경우에 자원절약은 채널 운영자가 콘텐츠를 만드는 데 시간과 돈을 얼마나 효율적으로 활용하느냐에 달려 있습니다. 즉, 전업 운영자가 아니라면 협업이나 사전 기획을 통해 콘텐츠 소재를 확보하는 데 들어가는 자원을 줄이는 활동을 얼마나 요령껏 잘할 수 있느냐가 핵심입니다.

일상에서 콘텐츠 소재 확보하기

이를 위해 일상생활이나 직장생활을 하면서 어차피 해야 할 일을 하거나 취미생활 등을 하는 동시에 콘텐츠 소재까지 확보하는 방향을 미리 고려하는 게 좋습니다. 예를 들면 인스타그램의 경우 간단한 사진 업로드 등은 지하철이나 버스를 이용하는 출퇴근 시간을 활용하고, 회사 워크숍을 갈 때도 관광지와 맛집이 함께 있는 장소를 선택해 촬영·기록하거나, 가족들과의 외식장소를 맛집으로 선택해 촬영해두거나, 등산을 갈 때마다 등산코스를 기록해두는 방식을 활

외식도 하고, 콘텐츠 재료도 얻고, 일거양득~

용할 수 있습니다. 필자의 경우 매주 산악회에서 등산을 갈 때마다 회원분들에게 사진봉사를 하면서 풍광, 코스 팻말, 정상 인증, 도시락 등을 사진이나 영상으로 확보해서 콘텐츠 재료로 활용하기도 합니다.

SNS 운영 초보자의 경우 매번 콘텐츠를 만들기 위해서 자비를 들여 여행을 가거나 맛집을 다니기가 쉽지 않습니다. 이런 경우에는 지인이나 친구, SNS 이웃 등과 함께 콘텐츠의 소재를 서로 품앗이하는 것도 좋은 방법입니다. 운영 초반에 일정 기간 동안 이런 식으로 맛집, 여행, 일상 등의 사진이나 동영상을 공유해서 자신만의 색깔로 콘텐츠를 재탄생시키면 콘텐츠 제작에 들어가는 시간과 비용을 상당 부분 절약할 수 있습니다.

콘텐츠 기획 · 제작비용 효율 고려하기

만약 유튜브를 처음 시작하는 경우라면 제작 자원이나 비용을 최소화할 수 있는 카테고리(1인 토크, 강의, 노하우 소개 등) 콘텐츠로 시작하는 것이 유리하며, 되도록이면 화려한 영상편집 기술이 필요한 '여행' 등의 카테고리는 피하는 것이 좋습니다. 또한 유튜브 콘텐츠 제작과정 중 초기 작업인 콘텐츠 기획 및 대본 작성에 자원을 최대한 투자하고, 후작업인 촬영이나 편집 등에 들어가는 자원과 에너지는 최소한으로 줄이는 방식이 바람직합니다.

부득이하게 비용이 많이 드는 카테고리를 선택할 수밖에 없다면 콘텐츠 제작에 들어가는 비용의 효율을 높이는 방법을 고려해야 합니다. 예를 들어 해외여행 콘텐츠라면 시간과 비용이 많이 드는 미주, 유럽, 남미 등 장거리 여행지보다는 3박 5일 정도의 비교적 짧은 일정에 적은 비용(항공료, 숙식비용 등)으로 콘텐츠를 만들 수 있는 동남아를 활용하는 게 좋습니다.

싱가폴, 지하철만 타고 가도 콘텐츠가 곳곳에~

그렇다고 동남아 전체가 효율석인 여행지는 아닙니다. 비슷한 비용이 들어가더라도 해당 시점에 타겟 시청자들이 많이 검색하고 비교적 짧은 시간에 많은 콘텐츠를 만들어낼 수 있는 인기 도시를 선정하는 것이 중요합니다(참고로 시골이나 휴양지보다는 대만의 타이페이, 홍콩, 태국의 방콕, 베트남의 다낭, 싱가폴처럼 도시 내 이동시간이 비교적 길지 않고 교통편이 좋으며 다양한 볼거리와 먹거리가 모여 있는 여행지가 좋습니다).

또한 수집한 소재들을 잘 정리해서 기획하는 것도 자원을 절약하면서 더 많은 콘텐츠를 만들어내는 방법이 됩니다. 앞서 소개했듯이 필자의 경우 동남아 도시 한 곳을 다녀오면 보통 관광지, 숙소, 맛집 등 별로 별도의 폴더를 만들어 사진과 메모를 저장해놓고 각 폴더 주제별로 콘텐츠를 만들고 있습니다.

여기에 일자별, 코스별, 전체 관광지 또는 맛집 모음, 사전준비, 후기 등까지 리스트업 포스팅으로 추가 발행하면 보통 30개 정도의 콘텐츠를 생산해낼 수 있는 것이죠.

지금까지 얘기한 것처럼, 일상생활이나 직장생활을 하는 과정에서 소재를 만들거나, 같은 비용을 들여 여행이나 맛집을 가더라도 해당 시점에 이용자들이 더 관심 있어 하는 장소를 선택해서 검색노출을 확대하거나, 수집한 소재를 잘 정리해서 더 많은 콘텐츠를 만들어내는 등의 노력을 하는 것이 결국 콘텐츠 제작비용을 줄이는 동시에 콘텐츠 ROI를 극대화하는 방법이 된다는 사실을 반드시 기억하기 바랍니다.

소비자 입장에서 제품가격을 할인해준다면 마다할 사람이 있을까요? 그만큼 마케팅에 있어서 가격할인 정책은 즉각적이고 강력한 수단이 됩니다. 그런데 제품가격을 할인해주면 일반적으로 수요가 늘어나기는 하는데, 그 늘어나는 정도는 수요에 대한 가격탄력성에 따라 다르게 나타납니다.

여기서 수요의 가격탄력성이란 가격변화에 따른 수요변화의 비율을 말하는데, 가격을 올리거나 내릴 때 그에 따라 수요가 큰 폭으로 움직이면 가격탄력성이 큰 제품으로, 반대로 수요의 변동폭이 적으면 상대적으로 가격탄력성이 낮은 제품으로 구분됩니다.

설탕, 소금과 같은 필수품이 대표적으로 가격탄력성이 낮은 제품에 해당하는데, 이런 제품들은 가격이 내린다고 해서 소비자들이 필요 이상 구매하지 않으며, 반대로 가격이 올라도 별다른 대체재가 없으므로 수요가 크게 줄지 않습니다.

이에 비해 명품이나 고가의 IT 제품 등 가격탄력성이 높은 제품은 가격을 조금만 낮춰도 수요가 크게 증가하고, 반대로 가격을 올리면 소비자들이 다른 대체재를 구매하기 때문에 수요가 크게 감소합니다.

필자는 찹쌀떡을 파는 한 아주머니의 이상한 가격정책(?) 때문에 위의 법칙이 아주 잘 맞아 떨어지는 경험을 한 적이 있습니다. 필자가 주로 다니는 지하철역에는 퇴근시간만 되면 찹쌀떡을 가지고 와서 파는 아주머니

매번 나도 모르게 구매하게 되는 이상한 찹쌀떡 가격

가 있습니다. 평소 찹쌀떡를 좋아하는 필자는 매번 살까 말까를 고민하게 되는데, 그때마다 아주머니의 이상한 가격정책 때문에 필요 이상으로 구매하곤 합니다. 도대체 아주머니는 어떤 가격정책을 쓰는 걸까요?

우리가 흔히 보는 가격할인 정책 중에 묶음판매 할인이 있습니다. 대부분은 1개에 6천 원 정도 하는 제품을 2개 묶어서 1만 원 정도에 파는 식입니다. 길거리에서 파는 이동식 전기구이 통닭이나 동네 치킨집에서 자주 볼 수 있는 가격전략인데요, 결국 가격할인의 대표적인 방법입니다.

찹쌀떡을 파는 아주머니의 경우 20개들이 한 팩을 5천 원에 판매합니다. 그리 싸지도 비싸지도 않은 가격인데요, 그냥 이렇게만 판매하면 가격 메리트를 못 느끼고 지나갈 텐데, 바로 그 옆에 놓인 40개들이 한 팩의 가격이 6천 원입니다. 무슨 이런 가격전략이 있을까요? 양은 2배인데 가격은 고작 1천 원 차이라니요. 양이 2배라면 1천원 정도 할인해서 9천 원 정도에 판매하는 것이 보통인데요, 이러다 보니 필자는 매번 고민하다가도 너무 싸다는 생각에 40개들이 한 팩을 구매할 수밖에 없었습니다.

아마도 그 아주머니는 40개들이 한 팩의 적정가격이 6천 원인데, 20개들이 한 팩의 가격을 5천 원으로 곁들임으로써 6천 원이라는 가격이 상대적으로 싸 보이게 하는 전략을 쓴 듯합니다(20개들이는 결국 40개들이를 팔기 위한 미끼제품인 것이죠). 아주머니 입장에서는 20개들이 팩은 안 팔려도 그만이고, 팔리면 더 큰 이득을 보니 손해볼 게 없는 장사인 것이죠.

사실 찹쌀떡이라는 것이 어지간한 가격으로는 수요가 크게 움직이지 않아 보통은 가격탄력성이 낮은 제품인데요, 아주머니의 묶음판매 가격은 할인폭이 워낙 크고, 필자 입장에서는 찹쌀떡을 아주 좋아하기 때문에 가격탄력성이 아주 큰 제품이 된 것이죠.

이런 이상한 가격정책이 아니었다면 필자가 아무리 찹쌀떡을 좋아하더라도 별다른 가격혜택을 느끼지 못하고 구매하지 않았을 테니, 결국 필자가 사지 않았어야 할 제품을 필요 이상 사게 만든 아주머니가 승자인 셈입니다.

그런데 효용극대화라는 경제학 원칙으로 들여다보면 필자 역시 승자가 될 수 있습니다. 평소 사먹기 힘든 찹쌀떡을 굳이 다른 가게를 찾아가지 않아도 퇴근길에 편하게 살 수 있고, 40개들이 한 팩에 6천 원이라는 가격이 비슷한 다른 제품들의 평균가격에 비해 그리 비싸다고 느끼지 않기 때문에 필자 입장에서는 찹쌀떡 구매에 따른 효용극대화를 이룬 셈이니까요.

굳이 경제학 이론을 들먹이지 않더라도 필자 입장에서는 혹여나 퇴근길 지하철역에 찹쌀떡 아주머니가 안 나올까봐 노심초사할 정도이니, 날마다 찹쌀떡을 먹을 수 있다는 사실만으로도 이미 충분히 만족감을 느껴야 하지 않을까요?

공감콘텐츠는 결국
끊임없는 고군분투의 결과물이다

SNS 콘텐츠를 만들고 채널을 관리하는 과정에는 '고군분투'가 필요합니다. '곤란하고 불편한 상황에서 괴롭고 힘들어도 노력을 계속한다'라는 의미에서는 '악전고투'와도 맞닿아 있습니다.

앞서 '일상을 콘텐츠화해야 한다'라고 했지만, 사실 아침에 일어나서 잠자리에 들기까지 일어나는 모든 일들을 콘텐츠화한다는 것 자체가 쉽지 않은 일이며, 그러다 보면 결국 일상이 고군분투가 될 수밖에 없습니다. 또한 이러한 일상의 고군분투를 통해 꾸준히 좋은 콘텐츠를 만들어내려면 콘텐츠 제작에 필요한 장면이나 사물·상황, 사람들에 대한 사진·영상·스토리들을 기록하기 위한 준비를 항상 갖추고 그때그때마다 담아내는 습관을 들여야 합니다.

👍 콘텐츠 확보를 위해서라면 언제 어디서든 스탠바이

이처럼 좋은 콘텐츠를 확보하기 위해서는 조금의 불편함이나 어려움은 극복해야 할 대상으로 여기는 것이 좋습니다. 예를 들어 등산을 하면서 코스마다 팻말, 정상석, 풍경 등을 촬영하려면 한 손에는 항상 카메라를 들고 있어야 합니다. 이럴 경우 봄·가을은 그나마 조금 귀찮은 정도지만, 한 겨울에는 손에 감각이 없어질 정도로 차가운 바람이 불더라도 장갑을 끼고 있을 수가 없습니다. 또 비 오는 날에 안경에 습기가 차면 한 손에는 안경, 다른 손에는 카메라를 들고 산행을 해야 합니다. 인물사진을 찍을 때는 수시로 등산행렬 앞뒤로 뛰어다녀야 하니 체력소모가 보통이 아닙니다. 심지어 산행 중에 다리를 접질려서 넘어지는 상황에서도 카메라는 끝까지 손에서 놓치지 않아야 합니다.

바닷가 휴양지나 호텔 수영장 등에서 촬영해야 할 때는 매번 '카

메라가 물에 젖지 않을까, 카메라를 두고 다니면 잃어버리지 않을까, 그냥 가져가지 말까' 하는 갈등을 겪게 됩니다. 그러다 결국 물 속에 들어가기 전에 미리 찍어놓고 다시 실내에 카메라를 두고 나오는 일을 반복하게 됩니다.

여행 콘텐츠의 경우 해당 여행지를 처음 방문하게 되면 출발 전 준비사항, 공항, 비행기 이동순간, 현지 도착, 호텔, 이동 교통수단, 관광지, 맛집, 지하철역, 버스정류장, 돌아오는 일정 등을 끊임없이 촬영하고 기록해야 하므로 그야말로 쌩 노가다가 따로 없습니다. 단 한순간도 여행 자체를 즐길 수 없을 지경인데요, 필자의 경우 심지어 비행기에서 새벽에 나오는 기내식을 촬영하기 위해 잠도 못 자고 기다린 적이 한두 번이 아닙니다. 그러다 보니 해당 여행지를 최소 2번이상은 방문해야 제대로 여행을 즐길 수 있었습니다.

새벽시간의 기내식, 꼭 반갑지만은 않아요

음식 사진을 찍을 때는 한 손으로는 음식을 들고 다른 한 손으로는 카메라를 들고 촬영하는 정도는 자유자재로 할 수 있어야 합니다. 맛집에 가거나 집에서 식사할 때는 항상 촬영을 하고 나서 음식을 먹게 되는데, 한두 장도 아니고 전체 메뉴사진에 음식종류별 클로즈업 컷까지 찍다 보면 식은 음식 먹기가 다반사일 수밖에 없습니다.

필자의 경우 필자가 식사를 하지 않더라도 사진을 찍으려고 자리를 함께한 적도 셀 수 없이 많습니다. 어떤 때는 필자가 화장실에 다녀온 사이에 먼저 음식을 먹었던 지인들이 필자가 돌아오자 안 먹은 것처럼 후다닥 테이블을 다시 세팅하는 웃지 못할 해프닝도 종종 생깁니다.

이처럼 좋은 콘텐츠를 만들려면 언제 어느 순간에 맞닥뜨릴지 모를 필요한 상황을 포착하기 위해 항상 스탠바이를 하고 있어야 합니다. 버스나 기차 등 대중교통을 이용할 때도 언제 볼지 모를 창밖의 순간을 포착하기 위해 항상 긴장하며 준비해야 하기에 편히 쉬거나 잠들 수 없습니다. 또 같은 장면이라도 휴대폰, 카메라 등 장비별로 돌려가며 촬영하거나, 같은 풍경이라도 때로는 단독으로 때로는 인물과 함께 찍는 등 여러 컷을 옵션별로 찍어야 하는 번거로움은 말로 표현할 수 없을 정도입니다.

👍 악플도 고객반응 콘텐츠로 유연하게 받아들이기

좋은 재료를 얻기 위해서는 역경과 수모를 참아내야 할 때도 있습니다. 혼자 찍기의 신공이 도저히 어렵다면 창피함을 무릅쓰고 모르는 사람한테 음식을 젓가락으로 들어 달라고 부탁도 해야 합니다. 필자의 경우 놀이동산에서 롤러코스터를 타거나 바닷가에서 패러 세일링을 할 때 고프로(액션 카메라)를 가지고 갔다가 금속 탐지기에 걸린 적도 있고, 해외 여행지에서 구글맵을 쳐다보면서 걷다가 주차금지 쇠기둥에 다리를 부딪쳐서 여행 내내 새파랗게 멍든 한쪽 다리를 질질 끌고 다닌 적도 있습니다.

SNS 채널을 운영하면 필연적으로 악플에 시달리게 된다는 점도 고려해야 합니다. 인기 있는 채널일수록 더 많은 악플이 달리는 경우가 많은데, 이런 악플이나 부정적인 댓글에 너무 신경 쓰거나 예민하게 반응하지 않는 게 좋습니다.

예를 들어 연예인 이슈를 다루는 블로거나 유튜버들은 특정 가수나 연기자 등을 비난했을 때 필연적으로 해당 팬들에게서 공격을 당할 수밖에 없습니다. 이를 괴롭다고 생각할 수도 있지만, 해당 팬들

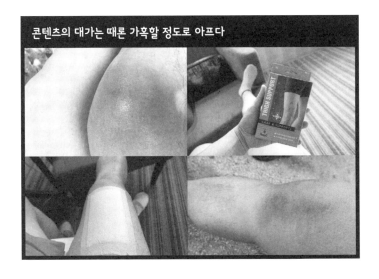

콘텐츠의 대가는 때론 가혹할 정도로 아프다

이 내 콘텐츠에 관해 다른 이용자들과 댓글을 통해 의견을 다투고 소통하는 과정에서 내 채널이 더욱 유명해지고 트래픽이 더욱 올라간다고 생각할 수도 있지 않을까요?

내 콘텐츠에 아무 매력이 없다면 당연히 악플도 없겠죠. 채널이 성장하고 노출이 많을수록 악플은 필연적으로 안고 가야 할 운명이라고 생각하고 인내하는 평정심을 길러둘 필요도 있습니다.

세상에 공짜는 없습니다. 일상을 새로운 관점에서 바라보는 통찰력을 기르려면 매순간을 유심히 관심 있게 바라보는 관찰력을 길러야 합니다. 또 그 관찰의 결과물을 매번 사진, 영상, 기록으로 담아두려면 지나칠 정도의 강박과 집착, 인내력이 뒷받침돼야 합니다. '공감 콘텐츠'는 결국 일상에서의 치열한 고군분투의 결과물인 것입니다.

콘텐츠 제작을 위한
최소한의 무기를 준비하라

　좋은 목수에게 최소한의 연장이 필요하고 명장에게 그에 걸맞은 무기가 필요하듯, 콘텐츠를 만드는 데도 최소한의 장비가 필요합니다. 대표적인 장비가 바로 '카메라'입니다. 사진과 영상은 이제 SNS 콘텐츠에서는 없어서는 안 될, 물이나 공기와 같은 존재가 된 지 오래입니다.

👍 카메라 사용목적 명확히 하기

　물론 자신이 주로 다루는 콘텐츠 내용에 따라서 카메라의 활용도나 종류는 다를 수밖에 없습니다. 지상파 수준의 방송이나 광고, 고퀄리티의 여행·풍경을 담아내야 하는 전문가들에게는 최고 사양의 풀 프레임 카메라가 필수적이겠죠. 하지만 개인 수준이라면 기능이 많고 완성도 높은 전문가용 카메라를 반드시 사용할 필요는 없습니다. 물론 비싼 카메라를 잘만 활용하면 콘텐츠를 만드는 데 도움이 되기는 하지만, 그것이 꼭 좋은 콘텐츠를 보장하지는 않으니까요.

카메라로 저장되고 표현되는 순간의 장면이나 영상보다는 '해당 소재를 어떻게 나만의 스토리로 만들어낼까'라는 SNS 채널 운영자의 창의력과 기획력이 훨씬 더 중요합니다. 장비가 콘텐츠를 앞서갈 수는 없기 때문입니다.

요즘은 스마트폰 카메라의 기능이 점점 좋아지고 있어서 스마트폰을 활용해도 됩니다. 다만 스마트폰은 통화 및 메시지, 콘텐츠 이용 등 고유의 목적으로 활용하는 것이 효율적이기는 합니다. 또한 전용 디지털 카메라에는 스마트폰 카메라에는 없는 고유의 특장점이 있다는 점에서 스마트폰 이외에 1대의 카메라는 추가로 갖추는 것이 좋습니다. 이를 구매하기 위한 비용은 공감콘텐츠를 만드는 데 필요한 최소한의 투자라고 생각할 필요가 있습니다.

그런데 막상 디지털 카메라를 구매하려고 보면 다양한 디자인과 기능을 가진 수많은 브랜드 중에서 하나를 선택하기가 보통 어렵지 않습니다. 특히 요즘은 유튜브가 대세가 되면서 제품리뷰 채널에서 카메라, 마이크, 조명 등과 관련한 소위 '업자용' 방송장비들을 소개하는 경우가 많습니다. 그러다 보니 값비싼 장비가격과 복잡한 활용방법 때문에 콘텐츠 제작을 시작하기도 전에 걱정이 앞서기도 하는데요, 그럴수록 여러분의 사용목적을 확실히 정해야 합니다. 그래야만 카메라의 선택기준이 명확해지기 때문입니다.

여기서는 전문가가 아닌 일반 개인의 기준에서 SNS 채널(블로그,

어떤 카메라를 고를 것인가?

인스타그램, 유튜브 등)에 올릴 일상 콘텐츠를 제작하는 수준에 적합한 카메라 선택기준과 그에 맞는 몇 가지 브랜드 제품을 추천하겠습니다. (물론 필자는 여기서 추천하는 브랜드와 아무런 관계가 없습니다. 다만 필자가 강의할 때 카메라를 추천해달라는 수강자들의 요청이 많았고, 필자 역시 평소 콘텐츠를 만드는 데 있어서 카메라는 아주 중요한 장비라고 생각했기에 이 자리에 별도로 소개해보도록 하겠습니다.)

👍 카메라 선택을 위한 3가지 기본 조건

먼저 2000년대 초반부터 활성화되기 시작한 디지털 카메라 변천사를 간단히 살펴볼까요?

초기 디지털 카메라는 간단한 기능과 낮은 화소수를 가진 컴팩트 (일명 똑딱이) 카메라와 비교적 높은 화소수와 기능은 많지만 부피가 크고 무거운 DSLR로 양분돼 있었습니다. 그러다 양쪽의 장점을 잘 살려낸, 부피는 작아지고 똑딱이보다는 기능이 많고 화질도 개선된 하이엔드 디지털 카메라가 등장했습니다. 이후 DSLR과 성능은 비슷하면서 반사경을 없애고 크기를 획기적으로 줄인 렌즈교체용 미러리스 카메라가 대세를 이루게 됐습니다. 결국 디지털 카메라는 아래와 같은 순서로 발전해온 셈입니다.

컴팩트 카메라 → DSLR → 하이엔드 카메라 → 미러리스 카메라

최근에는 렌즈 교체는 안 되지만 크기는 미러리스보다 작고 성능은 비슷한 고성능 하이엔드 디지털 카메라가 시장을 지배하고 있습니다. 필자가 여기서 소개하는 카메라 선택기준에 부합하는 대부분의 제품이 바로 이런 '고성능 컴팩트' 카테고리에 속한다고 보면 됩니다.

① 조작이 쉽고 편해야 한다

어떤 제품이든 사용방법이 복잡하고 불편하면 활용도가 떨어집니다. 누구나 홈쇼핑 등에서 광고를 보고 혹해서 구매했다가 결국 집 한구석에 방치하게 되는 제품 한두 개는 갖고 있지 않은가요? 대표적으로 에스프레소 기계를 들 수 있죠. 멋지게 커피를 내려 먹고 싶어서 구매했지만, 막상 사용하려고 보면 원두를 사는 일부터, 원두를

갈고 커피를 추출하고, 세척하고 하는 일련의 사용방법이 꽤나 복잡하고 어려워서 한두 번 사용하고 마는 경우가 대부분입니다.

카메라도 마찬가지입니다. 특히 일반 초보자라면 더욱 그렇습니다. 셔터 버튼, 모드 다이얼, 플래시 핫슈, 줌 레버, 뷰 파인더 등 카메라 외부설정이나 조작이 복잡하고 어려우면 실제 활용가치가 떨어질 수밖에 없습니다.

따라서 카메라를 선택할 때는 처음 사용하는 사람도 그냥 눈으로 몇 번 보고, 만져보면 손에 금방 익어서 평소 몸에 배인 습관처럼 자연스럽게 사용할 수 있는 제품이 좋습니다.

또한 터치 화면의 UI(User Interface)가 쉽고 직관적이어야 합니다. 카메라에 따라 기능이 천차만별이고 종류도 다양하지만 실제 내가

인터페이스는 쉽고 직관적이어야 한다

자주 쓰는 기능은 몇 가지에 불과한 경우가 많습니다. 따라서 자신이 자주 쓰는 기능들이 쉽게 접근할 수 있는지, 주요 기능 사이를 편하게 왔다갔다할 수 있는지 등을 확인해보고 판단하는 것이 좋습니다.

어떤 카메라들은 대표적으로 자주 쓰는 기능들을 터치 화면에 넣지 않고 아예 외부에 별도 기능으로 빼놓은 경우도 있습니다. 이처럼 ISO 조정이나 초점 고정방법 등 자신이 중요하게 생각하는 기능들이 바로 조작 가능하도록 외부에 별도로 빠져 있다면 카메라 활용도를 더욱 높일 수 있습니다.

② 사이즈가 작고 가벼워야 한다

DSLR이 좋은 성능과 렌즈, 높은 화소를 가지고 있음에도 일반인들에게 점점 멀어지는 가장 큰 이유가 바로 휴대가 불편한 부피와 무게 때문입니다(물론 부담스러운 가격과 어려운 작동법도 구매를 망설이게 하는 요인이기는 합니다).

아무리 좋은 카메라가 있어도 휴대하기 불편해서 잘 사용하지 않는다면 무용지물이겠죠. 더구나 하루 종일 일상의 소소한 장면을 수시로 찍어서 기록해야 하는 콘텐츠 제작자라면 무겁고 부피가 큰 카메라를 날마다 가지고 다닐 수 있을까요?

따라서 콘텐츠 제작용 카메라라면 휴대하기 간편한 크기, 즉 일반 성인 손바닥보다 작으면서 한손으로 충분히 감싸쥘 수 있는 크기, 호주머니나 점퍼 주머니에 쏙 들어가는 크기가 적당합니다. 무게는 300g 안팎으로 보통 스마트폰 무게(200g)와 큰 차이가 나지 않는 정도가 적당하고요. 즉, 별도의 가방이나 배낭에 넣을 필요 없이 간

한 손에 쏙 들어오는 사이즈, 주머니에도 쏙쏙

편히 휴대하고 다닐 수 있는 크기와 무게라는 휴대성과, 등산 등 활동적인 상황에서도 바로바로 촬영이 가능한 기동성을 함께 갖춘 제품이 적합합니다.

③ 렌즈는 밝고 표준·광각이면 좋다

렌즈의 수준을 결정하는 가장 중요한 요소는 '조리개값'과 '화각'입니다.

'조리개값'이란 카메라로 들어오는 빛의 양을 조절하는 정도를 말하며, 보통 'f값'으로 표현됩니다. f값(최대 개방 조리개값)이 낮을수록 많은 양의 빛을 받아들일 수 있으므로 '밝은 렌즈(f1.8-2.5)'라고 표현합니다. 밝은 렌즈는 같은 조도(조명 밝기)에서 빠른 셔터 스피드가 확보되므로 손 떨림을 방지하고, 빠르게 움직이는 물체를 선명하게 담아낼 수 있다는 장점이 있습니다. 참고로 여기서 셔터 스피드란 셔터를 눌러서 조리개를 열었다가 닫는 데까지 걸리는 시간을 말하며, '빠른 셔터 스피드가 확보된다는 것'은 밝은 렌즈의 조리개를 최대로 개방하면 한 번에 많은 양의 빛이 들어오므로 셔터를 빨리 열고 닫아도 된다는 것을 의미합니다.

또한 밝은 렌즈는 자유로운 심도(초점이 선명하게 포착되는 영역) 표현을 통해 아웃 포커싱(배경을 흐릿하게 촬영하는 것)에 유리하며, 특히 어두운 실내에서도 별도의 플래시 없이 깨끗한 사진을 촬영할 수 있다는 장점이 있습니다.

'화각'은 카메라로 포착하는 장면의 시야를 말합니다. 보통 사람의 눈으로 볼 수 있는 화각은 35mm 필름 기준으로 50mm 초점거리(카메라의 이미지 센서와 렌즈 사이의 거리)를 가지는데, 이 정도의 화각을

가진 렌즈를 '표준렌즈'라고 합니다. 그리고 이보다 초점거리가 짧아서 넓은 화면을 찍을 수 있는 28mm, 24mm, 20mm 등을 '광각렌즈'라고 합니다.

표준렌즈는 왜곡이 적고 원근감 등이 자연스러워서 사람이 보는 시각과 가장 비슷하게 촬영할 수 있습니다.

이에 비해 광각렌즈는 같은 거리에서 표준렌즈보다 많은 범위를 찍을 수 있는데요, 즉 촬영하려는 피사체를 훨씬 더 가까이서 찍을 수 있으며, 초점이 맞는 면적이 넓어서 화면 전체가 선명하게 찍히는 장점이 있습니다.

표준·광각이면서 밝은 렌즈를 가진 카메라는 인물이나 풍경사진 어디에도 적합하며, 특히 맛집, 음식 등 실내 촬영과 아웃 포커싱에 유리합니다. 이는 렌즈 교환이 불가능한 하이엔드 컴팩트 디지털 카메라를 선택할 때 반드시 고려해야 할 기준이 됩니다.

👍 추천! 입문용 하이엔드 컴팩트 디지털 카메라

① 소니 RX 100 M 시리즈

손바닥에 쏙 들어오는 크기에 무게는 300g 정도이고 고급스럽고 예쁜 디자인까지, 가히 컴팩트 디지털 카메라의 최고봉이라 할 만합니다. 캐논에 비해 차갑고 날카로운 선명한 색감을 가지고 있습니다.

24~70m, f1.8-2.8로 광각·표준 줌기능에 최대 개방 조리개값이 아주 높은 밝은 렌즈를 장착하고 있습니다(RX 1005a까지). RX 100M6부터는 24~200m, f2.8-4.5 렌즈로 바뀌어서 망원부분이 강

소니 RX 100M 시리즈

화됐으며, 4K 동영상 촬영이 가능해졌습니다.

다만 동급의 캐논이나 파나소닉 제품에 비해 가격이 비싸며(100만 원이 훌쩍 넘습니다) M6부터는 200m의 망원 줌을 장착하면서 렌즈가 상대적으로 어두워졌습니다. 비교적 합리적 가격(70만 원대)으로 밝은 렌즈를 원한다면 M5a시리즈를 구매하는 것도 좋은 방법이 될 수 있습니다.

② 캐논 G7 X 시리즈

캐논 특유의 부드럽고 따뜻한 색감 때문에 인물이나 음식사진에 적합하고, 특히 손 떨림 방지기능이 탁월합니다. 풀터치 LCD로 뷰티블로거나 브이로그 등 영상촬영에 아주 적합한 제품입니다.

렌즈는 24~1000m, f1.8-2.8로 소니 RX 100M5a 제품과 거의

캐논 G7 X 시리즈

비슷하며, 무엇보다 가격이 60만 원대로 상대적으로 합리적입니다. Mark3에서는 G7 X Mark2에 없었던 4K 촬영기능이 추가된 점도 참고할 만합니다.

③ 파나소닉 LX 10

이 제품은 무엇보다 라이카 렌즈를 그대로 쓴다는 것이 가장 큰 장점입니다. 빨간색 로고만 다르고, 모든 사양이 라이카 제품과 똑같지만 가격은 라이카 제품의 3분의 1 수준입니다.

f1.4-2.8로 컴팩트 디지털 카메라 중에서 가장 밝은 수준의 렌즈를 가지고 있으며, 4K 동영상 촬영도 가능합니다. 가격은 50만 원대로 비교 제품군 중에서 가장 저렴합니다.

이렇게 3개의 제품을 소개했는데요, 어떤 제품을 사용해도 좋지만

파나소닉 LX10

굳이 비교하자면 다음과 같은 선택기준을 정해볼 수 있습니다.

- 전반적인 기능, 디자인 측면 : 소니 RX 시리즈
- 동영상 및 인물사진 : 캐논 G7 X 시리즈
- 성능 좋은 라이카 렌즈와 저렴한 가격 : 파나소닉 LX 10

참고로 달 표면까지 보인다는, 일명 피노키오 슈퍼줌 카메라는 신기해보이기는 하지만 실제 망원 촬영을 얼마나 할 것인지를 고려해야 합니다. 또한 평소 잘 쓰지 않는 수동조절 기능이나 불필요한 자동필터 기능의 많고 적음 등은 구매 고려요소에 포함시키지 않는 것이 좋습니다.

필자는 개인적으로 지금까지 본 수많은 개그 코너 중 '달인'을 가장 재미 있는 코너로 꼽습니다. 달인과 조수, 사회자 3명이 나와서 매번 다른 주 제에 대한 달인의 엉뚱한 말과 행동으로 웃음을 주었던 코너였는데요, 현 재 '정글의 법칙'에서 대장으로 활동하는 김병만 씨가 열연했던 코너이기 도 합니다.

코너의 포맷은 단순합니다. 늘 사회자에게서 '16년 동안 무슨무슨 행동만 을 해오신 ~' 식의 소개를 받고 나온 달인이 그것에 대해 검증받다가 결국 엉터리로 판명나서 쫓겨나는 식입니다. 예를 들어 필자가 가장 재미있게 본 〈미각을 못 느끼는 달인〉 편을 간략히 소개하면 이렇습니다.

16년 동안 맛을 못 느끼고 살았다는 달인에게 사회자가 레몬, 양파, 청양 고추, 태국고추, 고추냉이 등 생각만 해도 먹기 고통스러운 음식들을 순 서대로 먹어보게 합니다. 음식을 하나하나 먹을 때마다 사회자가 "맛이 어떻습니까?" 하고 물으면 달인은 "씹는 느낌만 있을 뿐, 아무 맛도 못 느 낍니다" 식의 답을 합니다.

하지만 정작 그렇게 말하는 달인의 얼굴에는 온갖 고통스런 표정이 새어 나옵니다. 그래서 사회자가 다시 '왜 그런 표정을 짓느냐' 하고 물으면 '양 파가 매워서 눈을 찡그린 게 아니라 윙크를 한 거다', '태국고추가 매워서 눈물을 글썽인 게 아니라 갑자기 엄마 생각이 나서 그렇다' 식으로 엉뚱 한 답을 합니다. 그러다 결국 사회자가 내민 마지막 음식을 못 먹고 가짜 달인인 게 들통나 쫓겨나게 됩니다.

그런데 필자는 오버액션이나 소위 몸개그도 없는 이 코너를 보면서 왜 나도 모르게 웃음이 날까에 대해 곰곰이 생각해봤습니다. 그건 다름 아닌 '시청자 인사이트(Insight)'를 제대로 파악해서 표현했기 때문이라는 생각이 들었습니다. 인사이트란 통찰, 통찰력, 간파, 간파력, 식견 등으로 해석되지만, 쉽게 말하면 '보통의 사람들이 같은 상황이라면 공감대를 느꼈음직한 그 무엇을 알아내는 과정 또는 능력'이라고 할 수 있습니다.

레몬이나 태국고추를 먹었을 때 눈살이 찌푸려지고 눈물이 고이는 건 누구나 한 번은 경험해본 상황이다보니 대부분 달인의 행동을 보면서 '얼마나 매울까? 얼마나 고통스러울까?' 하며 공감하게 됩니다. 그 상황에서 달인이 하는 '윙크하는 거다, 엄마 생각이 나서 그렇다' 등의 예상치 못한 답변이나 행동을 보니 웃음이 터질 수밖에 없는 것이죠.

이러한 인사이트는 광고나 커뮤니케이션에도 필수적입니다. 즉, 소비자의 공감을 얻으려면 소비자의 인식을 파고드는 통찰이 필요합니다. 통상 광고는 공감성, 설명성, 독특성, 호감도의 4가지 척도로 평가하는데, 소비자 인사이트를 충분히 반영한 광고는 이런 4가지 척도에서 골고루 좋은 점수를 낼 수 있습니다.

광고가 소비자로 하여금 단계별로 제품에 대한 '인지-선호-구매의향 상승-구매'로 이어지게 하는 목적을 가진다고 보면, 결국 이 모든 단계에서의 핵심은 '소비자를 설득하는 힘'에 있고, 이러한 설득의 기본이 바로 '소비자와의 공감대 형성'이라고 할 수 있습니다.

예를 들어 소비자들이 광고에서 휴대전화를 거울처럼 이용해서 이를 쑤신다거나, 아빠에게 혼나서 기분이 상한 아들이 아빠 휴대전화에 자신의 번호가 이름 대신 '나의 희망'이라고 저장돼 있는 장면을 보면 '아 맞어, 나도 저런 경우 있었는데', '나도 저럴 때 그런 느낌을 받았는데' 하고 맞장구 치게 됩니다. 바로 이런 사례들이 소비자 인사이트 광고가 될 수 있는 것이죠.

물론 많은 마케터들이 이런 광고를 기획·제작하려고 시도하기는 합니다. 하지만 대부분 소비자의 인식을 날카롭게 찌르는 인사이트가 떨어지면서 평범한 감성광고에 그치는 경우가 많습니다.

결국 '달인' 코너와 좋은 광고의 공통점은 사람의 마음을 적극적이고 효과적으로 움직이는 데 있고, 그 근저에는 '사람(소비자)에 대한 인사이트'라는 공통분모가 있습니다.

'평소 우리 일상에서 언제든 일어날 수 있고, 누구나 공감할 수 있는 소재나 상황들을 다르게 바라보고 재해석해보는 노력'

이런 노력이야말로 여러분이 차별화된 SNS 콘텐츠를 만들거나 뛰어난 마케터로 성장하기 위한 훌륭한 밑거름이 되지 않을까요?

2장

타겟 키워드로
소비자 니즈 발굴하기

최적의 '키워드' 찾기는
이용자 관심사를 발굴하는 과정

우리는 온라인이나 SNS상에서 고객이나 정보이용자들의 표정을 보거나 목소리를 들을 수 없고, 그들의 머릿속에 들어가볼 수도 없습니다. 그들의 속마음, 즉 니즈나 의도는 키워드나 해시태그로 표현될 뿐입니다.

그렇기 때문에 그들이 특정 키워드를 검색할 때 해당 키워드와 관련된 여러분의 SNS 콘텐츠가 잘 노출되게 하는 '검색최적화'가 필요합니다. 다시 말해 검색최적화는 키워드로 대변되는 이용자 니즈와 SNS 플랫폼에 있는 콘텐츠를 서로 적절하게 매칭시켜주는 일련의 과정이라고 보면 됩니다.

그런데 여기서 한 가지 의문점이 생깁니다. 구글이나 네이버 등의 검색엔진이 실시간으로 검색키워드에 따른 좋은 콘텐츠를 노출시켜 준다면 굳이 우리가 직접 검색최적화라는 작업을 할 필요가 있을까요? 그 해답은 '검색엔진의 불완전함 때문에 그럴 필요가 있다'입니다.

물론 예전에 비하면 현재의 검색엔진 기술은 형태소 분석부터 문맥의 흐름까지 파악해서 어뷰징, 즉 단순 키워드 반복이나 검색어와 아무 상관도 없는 본문내용 등을 잡아낼 정도로 발전하기는 했지만, 그렇다고 100% 완벽하지는 않습니다.

검색최적화는 쉽게 말해 검색로봇이 특정 키워드를 가장 잘 설명하는 콘텐츠를 찾아 돌아다닐 때 내 SNS에 관련 공감콘텐츠가 있다고 알려주는 일종의 문패나 등대역할을 한다고 이해하면 됩니다. 검색최적화를 제대로 하지 않으면 이용자들이 무분별한 정보와 제품·사이트의 홍수 속에서 자신이 원하는 콘텐츠를 제대로 찾아내기 어렵습니다.

바꿔 말하면 SNS채널 운영자 입장에서는 검색최적화를 하지 않으면 스스로 관심 콘텐츠를 검색해서 찾아오는 이용자들을 만날 수 없게 된다는 의미입니다.

👍 소비자 니즈 파악의 변화에 따른 키워드의 역할

검색최적화를 이해하려면 크게 '기술적인 부분'과 '내용적인 측면'을 고려해야 합니다. 다만 이 책에서는 핵심 주제에 맞춰 기술적인 부분보다는 콘텐츠, 즉 내용적인 측면에서의 검색최적화를 주로 다룰 예정입니다. 이런 내용적인 측면에서 제일 먼저 살펴봐야 하는 것이 바로 '키워드'입니다.

키워드는 입시나 영어공부할 때, 각종 광고문구에서, 직장에서 보고서를 작성할 때 수없이 등장하는 단어입니다. 말 그대로 어떤 상황이나 내용, 의견, 사실 등을 한두 개의 단어로 대표해서 보여주는 핵심 단어라고 할 수 있습니다.

마케팅 측면에서는 키워드가 특정 제품이나 브랜드에 대한 소비자의 의도, 생각, 니즈를 대변하기도 합니다. 따라서 공급자들은 다양한 방법을 통해 소비자의 니즈를 발굴하고 이를 키워드로 정리해서 제품개발, 광고, 디자인, 유통 전반에 이르는 마케팅에 활용하고 있습니다.

결국 마케팅 차원에서 키워드를 공부하고 분석한다는 것은 고객 마음속에 들어가서 '그들이 어떤 상황에서 무엇에 관심이 있는지, 그에 적합한 제품·서비스에 대한 니즈가 있는지, 기존 제품의 불편함을 어떻게 해결해줘야 하는지, 경쟁제품에 대해 어떻게 생각하는지' 등을 알아가는 과정이라고 할 수 있습니다.

신제품 개발은 크게 '공급자 시즈(Seeds)'과 '소비자 니즈(Needs)' 기반의 2가지 방법으로 이루어집니다. 1980년대까지의 고속성장시기에는 소비자들의 니즈가 그리 까다롭지 않았고 소비자들이 어떤 제품이든 필요로 했습니다.

따라서 이 시기에는 선진국 등에서 검증된 제품·서비스를 수입하거나 기술제휴를 통해 국내 메이커들이 대량생산해서 비교적 합리적인 가격으로 판매할 수 있었습니다. 말 그대로 공급자의 능력을 기반으로 신제품을 개발하고 판매했던 것이죠. 이런 방식이 공급자 시즈 방식의 제품개발입니다.

그러다 소비자 눈높이와 요구수준이 점점 까다로워지고 비슷비슷힌 제품들이 시장에서 치열하게 경쟁하게 되면서, 이를 해결하기 위해 공급자들이 적극적으로 소비자 니즈를 반영한 신제품 개발에 나서게 된 것입니다. 이에 따라 소비자 니즈를 발굴하기 위한 다양한 조사방법들이 등장했습니다.

고객을 직접 찾아가서 판매하던 시기에는 제품을 가지고 고객을 만나서 대화하며 그때그때 그들이 원하는 것에 대응하는 방식이 전부였습니다.

그러다 마케팅과 고객조사기법이 발달하면서 설문지 작성과 인구표본 비례할당 추출방법을 통해 적정한 모수를 선정해서 전화 질문이나 구매시점 고객 인터셉트(길거리 설문조사처럼 대형 마트 등에서 지나가는 고객에게 양해를 구하고 조사하는 방식)를 통해 조사를 진행하게 됐습니다.

이 시기에 일정 규모 이상의 회사에서는 자사 제품을 평가하는 소비자 모니터링 집단을 정기적으로 운영하거나, 7~10명 정도의 핵심 타겟 고객을 선정해서 집중토론하는 FGI(Focus Group Interview) 기법 등을 통해서 도출된 소비자 의견을 참고해서 기존 제품을 개선하거나 신제품을 개발하는 데 활용했습니다.

인터넷과 모바일이 일상화된 현재는 상당 부분의 조사가 온라인·모바일 기반으로 이루어지고 있습니다. 이렇게 온라인과 모바일상에서 소비자가 원하는 제품개발이나 기존 제품에 대한 불만개선을 위해 이루어지는 거의 모든 조사는 소비자 니즈를 대변하는 '키워드'를 도출하는 과정으로 이해해도 무방합니다.

또한 지금은 온라인상에서 활동하는 수많은 소비자의 검색행동 자료를 수집·분석하는, 이른바 빅데이터 기술이 발전하면서 구글, 아마존, 네이버 등을 통해 활동하는 소비자의 모든 흔적이 마케팅 도구로 활용되고 있습니다. 지금의 소비자들은 대부분 궁금한 내용이나 필요한 제품에 대한 생각·의도를 검색창에 '키워드'라는 도구를 통해 드러내고 있기 때문입니다.

👍 키워드는 온라인상에 남겨진 이용자 관심사 빅데이터

오늘날 키워드는 비단 제품정보뿐만 아니라 다양한 콘텐츠 기획에 필요한 특정 지역·고객·시기·이슈별 여론이나 트렌드 등을 파악하는 데도 광범위하게 활용되고 있습니다. 실례로 미국질병센터(CDC)에서는 구글 검색 키워드 수치변화를 통해 특정 지역의 독감 대비 적정 백신 수량을 예측하고 있으며, 심지어 미국 대선에서는 일정 기간 동안의 각 대선 후보자에 대한 검색량을 최종 대통령 당선 예측에 활용하고 있을 정도입니다.

여러분이 SNS 콘텐츠를 기획하는 데 있어서도 시기별 주요 키워드 트렌드 분석을 통해 사회 전체 일반 소비자나 정보이용자들의 생각이나 의견을 시의적절하게 반영할 필요가 있습니다. 예를 들어 지상파 공영방송에서 코로나 정국 6개월 이후에 조사한 최근 소비자 키워드 트렌드를 보면 '여행, 일상, 육아, 음식, 의료진, 마스크, 걱정, 다행, 해외유학자, 혐오, 인종차별, 편견, 극우, 국격, 확진자동선' 등 회복되지 않는 일상에 대한 아쉬움과 함께 연대감, 상호불신 등의 다양한 생각과 의견이 드러나고 있음을 알 수 있습니다.

〈출처 : 네이버 검색어 트렌드〉

이처럼 '키워드'는 제품에 대한 의견뿐만 아니라 전반적인 사회·
문화 이슈와 밀접하게 관련된 거대한 소비자 니즈 조사 데이터가 되
고 있습니다. 불과 십수 년 전만 해도 이런 데이터는 구하기 어려웠
고, 일부 대기업 등에서만 어마어마한 비용을 들여 수집·사용했던
자료들이었습니다. 하지만 이제는 빅데이터와 알고리즘의 발달로 인
해 일반인들도 별도의 비용을 들이지 않고도 구글이나 페이스북, 네
이버 등이 제공하는 소비자 키워드 및 트렌드를 통해 이런 데이터들
을 확인하고 활용할 수 있게 됐습니다.

SNS 콘텐츠 마케팅 측면에서도 당연히 제품개발·개선, 고객과의
소통을 위한 메시지, 사후관리 등 일련의 마케팅 과정 전반에 걸쳐
소비자의 의도 및 니즈를 파악하는 데 있어서 이러한 데이터들을 적

극적으로 활용할 필요가 있습니다. 특히 고객들 스스로 제품·서비스 관련 정보 콘텐츠를 찾아와 자연스럽게 소비하도록 하기 위한 전제조건으로서, 콘텐츠 검색최적화를 통해 관련 키워드를 발굴하는 노력을 기울여야 합니다.

키워드 발굴 프로세스는
이렇게 이루어진다

앞서 이야기했듯이 검색최적화는 정보이용자들이 내 콘텐츠를 찾을 수 있도록 안내하는 문패나 등대 같은 역할을 합니다. 이에 대해 '그냥 알아서 검색해서 찾아올 텐데 귀찮게 내가 직접 이런 작업까지 해야 해?'라고 생각할 수 있지만, 시스템이나 알고리즘 역시 완벽할 수는 없으므로 콘텐츠를 만드는 사람이 조금은 스스로 노력할 필요가 있습니다.

예를 들어 여러분이 점심으로 뭘 먹을지가 고민된다고 해서 막연히 '점심'이나 '비빔밥, 해장국, 백반집' 등의 키워드로 검색하지는 않을 것입니다. 대부분 내가 일하는 회사나 사는 집 근처 또는 방문할 곳 등의 구체적인 장소를 키워드에 함께 넣어서 검색하겠죠.

검색최적화란 이처럼 키워드를 정보이용자들이 원하는 조건, 달리 말하면 검색엔진이 원하는 조건으로 만들어서 내 콘텐츠나 채널을 검색결과 상단으로 올림으로써 해당 이용자들이 스스로 찾아오게 만드는 작업을 말합니다. 즉, 검색최적화는 내 채널이나 플랫폼의 조건을 네이버, 구글, 유튜브 등의 검색엔진 알고리즘에 맞춤으로써 검색순위, 빈도, 체류시간을 높이고 결과적으로 내 콘텐츠의 조회수, 공감, 행동유발 등의 효과를 얻기 위한 일련의 활동이라고 이해하면 됩니다.

미국의 디지털마케팅회사인 '치티카(Chitika)'의 구글분석 결과에 따르면, 특정 키워드를 검색했을 때 검색결과 첫 페이지에 나열된 콘텐츠의 트래픽 점유율이 91.5%에 달했으며, 그 중 최상단 콘텐츠가 무려 32%의 점유율을 차지했다고 합니다. 검색조회수 10건 중 9건을 첫 페이지의 콘텐츠들이 독점하고 있다는 뜻인데요, 이는 검색엔진 검색결과에 따른 첫 페이지의 상위노출이 조회수에 얼마나 절대적인 영향력을 끼치는지를 단편적으로 보여주는 사례입니다.

👍 검색최적화(SEO) 프로세스 및 키워드 리서치

검색최적화(이하 SEO, Search Engine Optimization)는 크게 비용을 지불하고 노출을 획득하는 '검색광고(paid search)'와 '자연발생적 검색(organic search)을 통한 최적화'로 나눌 수 있습니다. 그리고 이는 다시 타이틀 테그, 메타 디스크립션, URL 등 플랫폼 구조를 사용자 편의에 적합하도록 수정·보완하는 기술적인 방법과 키워드의 전략적 적용 및 배치를 통한 콘텐츠 검색최적화로 분류됩니다.

여기서는 검색광고를 제외하고, 자연발생적 검색최적화 중 소비자 니즈 발굴과 이를 적용하는 과정으로써의 콘텐츠 파트 검색최적화에 대해 집중적으로 다룰 예정이며, 이를 SEO라고 부르도록 하겠습니다.

SEO의 프로세스는 크게 키워드 리서치, 키워드 배치 및 적용, 모니터링 및 유지·보완 단계로 나눌 수 있는데, 2장에서는 다음과 같이 키워드 리서치의 단계적 과정을 중심으로 설명하겠습니다.

① 예상 키워드 아이데이션(Ideation)

먼저 내가 운영하는 SNS 채널에 맞는 30~50개 정도의 아이디어 키워드를 뽑은 다음, 단계별 키워드 결정과정에서 조건에 맞춰 키워드를 탈락·추가·보완하는 방법을 활용하는 것이 좋습니다.

키워드는 내 채널에서 제공하는 제품·서비스 등과 아주 밀접한 관련이 있는 '메인 키워드'와 간접적으로 관련이 있으면서 경쟁환경, 시즌별 이슈 등에 따라 변동될 수 있는 '서브 키워드'를 동시에 고려하는 것이 좋습니다. 예를 들면 간에 좋은 건강식품이라면 핵심 속성을 표현하는 '만성피로', '간기능 개선' 등을 메인 키워드로 활용하되, 가정의 달이나 명절에는 '부모님 선물', '선물세트'를, 연말에는 '송년회', '술자리' 등의 서브 키워드를 뽑아 해당 시즌별로 활용할 수 있습니다.

② 적정 검색량 키워드 추출

정리해놓은 아이디어 키워드의 실제 월별 검색수를 네이버 검색광고 키워드도구 또는 구글 키워드 플래너 등을 통해 확인해서 검색량이 많은 키워드를 추출합니다. 아무리 내 채널에 적합한 키워드라도 아무도 검색하지 않는 단어나 문장이라면 무용지물일 테니까요.

반대로 너무 검색량이 많은 키워드 또한 과감하게 탈락시켜야 합니다. 그런 키워드들은 이미 다수의 강력한 채널들이 선점하고 있기 때문입니다. 검색량이 많을수록 다수의 이용자들이 방문할 확률이 높은 건 사실이지만 '현재 내 채널 수준에 맞는' 키워드를 선택하는 것이 중요하다는 것이죠. 아주 인기가 높은 채널이 아니라면, 월간 모바일 검색량(네이버 검색광고 키워드도구 기준) 2,000~10,000 정도, 신규채널이라면 1,000~5,000 정도 내의 키워드를 선택하는 것이 좋습니다.

그러다보면 내가 처음 선택했던 키워드의 검색량이 위의 기준보다 많거나 적어서 활용하기 어려운 경우가 발생할 수 있습니다. 예를 들어 내가 홍대 근처에서 고깃집을 운영한다면 당연히 '홍대맛집'이라는 키워드를 선택해서 홍보 콘텐츠를 만들면 좋겠지만, 만일 SNS를 처음 시작하는 입장이라면 너무 강력한 키워드라서 활용하기 어렵습니다. 그렇다고 홍대에 있는 고깃집을 옮길 수도 없는 노릇이죠.

이럴 때는 '홍대맛집'이라는 단어를 직접 사용하는 대신 네이버 검색광고 키워드도구에서 '홍대맛집'과 함께 제시되는 '연관키워드'를 활용해볼 수 있습니다. 예를 들면 '홍대고깃집, 홍대저녁맛집, 홍대술집' 식으로 일부 단어를 바꾸거나 추가해가면서 검색량을 확인해보는 것이죠(참고로 네이버 검색광고 키워드도구에서는 다음 쪽 그림처럼 검색 키워드에 대한 연관키워드를 대부분 동시에 제공하고 있습니다). 이런 방법을 반복하면서 위에서 제시한 기준 검색량 범위 내에 있는 세부키워드

검색수가 너무 많거나 적은 키워드는 탈락!

전체추가	연관키워드 ⑦	월간검색수 ⑦		월평균클릭수 ⑦		월평균클릭률 ⑦	
		PC ⇕	모바일 ⇕	PC ⇕	모바일 ⇕	PC ⇕	모바일 ⇕
추가	홍대맛집	9,770	96,000	15.1	205.3	0.18%	0.26%
추가	홍대술집	1,650	14,900	6.6	54.3	0.45%	0.45%
추가	홍대고깃집	170	1,360	0	0.3	0%	0.04%
추가	홍대저녁맛집	10	30	0	0	0%	0%
추가	합정맛집	6,240	47,500	5	53	0.09%	0.13%
추가	홍대회식장소	10	20	0	0	0%	0%
추가	합정역맛집	3,090	17,500	8.4	43.3	0.31%	0.29%
추가	홍대회식	80	180	0.5	0.7	0.71%	0.43%
추가	합정동맛집	480	2,760	1.3	6.3	0.3%	0.27%
추가	홍대모임장소	10	50	0	0	0%	0%

〈출처 : 네이버 검색광고 키워드도구〉

를 15~30개로 압축합니다.

③ 플랫폼별 실제 검색결과 콘텐츠 분석

선정된 키워드를 실제 네이버, 구글, 유튜브 등 검색엔진에서 검색해서 일정 기간 동안 노출되는 콘텐츠 숫자를 확인합니다(일정 기간 동안 해당 키워드로 검색되는 콘텐츠수 확인이 가능합니다). 또한 검색결과 첫 페이지에 노출되는 채널에 모두 들어가서 해당 채널의 히스토리, 콘텐츠 발행수, 퀄리티 등을 파악해봅니다. 이와 함께 검색창에 해당 키워드를 입력할 때 자동으로 나타나는 자동완성 또는 추천검색어들도 연관검색어로 검색해봅니다.

이렇게 검색량 이외에 실제 검색엔진에서의 경쟁강도·적합도 등을 최종 파악한 다음, 내 채널의 체급에 맞는 최종 타겟 키워드

〈출처 : 네이버 검색결과 페이지〉

10~15개 정도를 확정합니다.

　예를 들어 '홍대고깃집'이라는 키워드로 검색되는 첫 페이지 채널들을 모두 들어가보니 내 채널에 비해 히스토리도 오래 됐고 동영상 등의 콘텐츠 개수도 훨씬 많다면 현실적으로 해당 키워드로는 내 채널이 첫 페이지에 노출되기 어렵습니다. 이런 경우에는 다른 추천검색어 또는 '홍대저녁고깃집' 식으로 세부 확장키워드(단어수를 늘리면 보통 검색량은 감소합니다)를 적용해가면서 첫 페이지 채널의 수준이 내 채널과 비슷하게 나올 때까지 같은 과정을 반복합니다.

　위와 같은 단계적 과정을 통해 최종 선정한 타겟 키워드 중에서 채널의 핵심 속성을 나타내는 메인 키워드는 되도록 일정 기간 꾸준하게 콘텐츠에 적용하고, 서브 키워드는 시즌별 이슈에 따라 주기적으로 교체하거나 번갈아 활용하는 것이 좋습니다.

실전! 키워드도구
제대로 활용하기

이번에는 네이버 검색광고 키워드도구를 중심으로 검색엔진 키워드도구의 활용방법과 함께, 몇 가지 사례를 통해 내가 막연하게 생각하는 키워드와 실제 이용자들이 사용하는 키워드 사이에 왜 차이가 날 수 있는지에 대해 살펴보겠습니다.

👍 네이버 키워드도구 활용방법

1. 먼저 네이버 홈화면 제일 하단의 '비즈니스·광고'를 클릭합니다 (pc화면 기준).

2. 화면을 아래로 스크롤해서 하단에 있는 '네이버광고' 카테고리
내 '검색광고'를 클릭합니다.

3. 로그인 화면에서 로그인 정보를 입력합니다. 회원 가입이 안 돼 있다면 무료 회원가입으로 ID를 만들면 되고, 기존에 네이버에 가입돼 있다면 해당 아이디와 패스워드를 활용해도 됩니다.

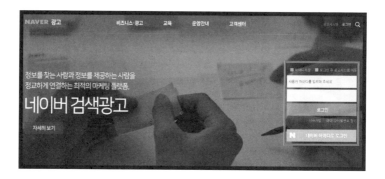

4. 로그인해서 나온 화면 우측의 '광고시스템'을 클릭합니다.

5. 화면 상단 메뉴에서 '도구' 옆 드롭다운(∨) 버튼을 클릭해서 나온 카테고리에서 '키워드도구'를 선택합니다.

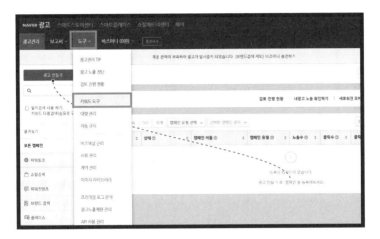

〈출처 : 네이버 검색광고 키워드도구〉

6. 이제 키워드 입력창이 나왔습니다. 여기에 여러분이 생각하는 아이디어 키워드를 입력합니다. 최대 5개까지 입력할 수 있으며, 한 단어 또는 여러 단어의 합성어도 괜찮습니다. 여러 개의 키워드를 검색하는 경우 한 개의 키워드를 입력한 다음 엔터 키로 줄 내림을 해서 새로운 키워드를 입력해야 합니다. 원하는 키워드를 모두 입력했다면 입력창 아래에 있는 '조회하기' 버튼을 클릭합니다.

그러면 다음 쪽 그림처럼 조회결과 화면이 나오는데, 최근에는 모바일 검색수가 압도적으로 많기 때문에 여기에서 '월간검색수, 모바일' 항목의 숫자만 확인하면 됩니다.

〈출처 : 네이버 검색광고 키워드도구〉

7. 또한 특정 키워드를 클릭하면 해당 키워드에 대한 최근 1년간의 월별 검색수를 그래프로 확인할 수 있습니다.

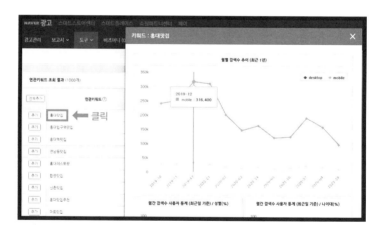

〈출처 : 네이버 검색광고 키워드도구〉

위와 같은 검색결과에서 한 가지 유용한 점은, 내가 입력한 키워드 외에 다른 키워드의 결과까지 함께 보여준다는 사실입니다. 바로 이것이 앞에서 설명한 '연관키워드'입니다. 예를 들어 다음 그림처럼 '홍대맛집'을 조회하면 '홍대'라는 단어를 포함한 '홍대레스토랑, 홍대맛집추천' 등의 키워드를 함께 보여주기도 하고, 홍대 근처의 '연남동맛집' 등을 함께 보여주기도 합니다. 이런 결과물을 통해 처음에는 계획에 없었지만 내 SNS 채널 체급에 맞는 새로운 관련 키워드들을 찾아낼 수 있는 장점이 있습니다.

〈출처 : 네이버 검색광고 키워드도구〉

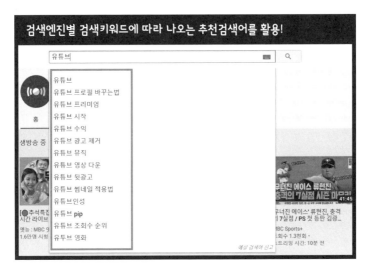

앞서 이야기했듯이 이제 막 SNS 채널을 개설한 초보 운영자라면 검색량이 많아서 경쟁이 심한 키워드를 고집하기 보다는 검색량이 적더라도 내 SNS 채널 체급에 맞으면서 핵심 단어가 포함된 확장키워드를 발굴할 필요가 있습니다. 이럴 때 키워드도구에서 제시하는 연관검색어를 참고해도 좋고, 실제 네이버나 구글, 유튜브 등의 검색창에 키워드를 입력할 때 나타나는 추천검색어를 활용해도 좋습니다.

체급에 맞는 키워드를 찾는 또 하나의 좋은 방법은 단어 개수를 늘려 보는 것입니다. 예를 들어 다음 쪽 그림처럼 '홍대맛집, 홍대맛집추천, 홍대저녁맛집추천, 홍대근처저녁맛집추천' 식으로 키워드를 구성하는 단어수를 늘려보면 보통 검색수가 줄어든다는 사실을 확인할 수 있습니다. 검색창에 입력하는 단어가 많아지고, 해당 키워드가 의미하는 내용의 범위가 좁아지므로 어쩌면 당연한 결과입니다.

| | | 웹사이트 | 체크 후 선택하세요 |
| | | 업종 | 체크 후 선택하세요 |

전체추가	연관키워드 ⑦ ⇕	월간검색수 ⑦		월평균클릭수 ⑦	
		PC ⇕	모바일 ⇕	PC ⇕	모바일 ⇕
추가	홍대맛집	9,770	96,000	15.1	205.3
추가	홍대맛집추천	30	420	0.1	0.3
추가	홍대근처저녁맛집추천 적은검색량	<10	<10	0	0
추가	홍대저녁맛집추천 적은검색량	<10	<10	0	0
추가	홍대술집	1,650	14,900	6.6	54.3

〈출처 : 네이버 검색광고 키워드도구〉

위의 조회결과를 기준으로 보면, '홍대맛집'은 검색량이 너무 많아서 사용하기 어렵지만 '홍대맛집추천' 정도는 도전해볼 만한 키워드로 선택할 수 있습니다. 다만 나머지 '홍대근처저녁맛집추천, 홍대저녁맛집추천' 2개 키워드는 검색량이 너무 없기 때문에 탈락시켜야 합니다.

위와 같은 키워드 적용원리는 '인스타그램'에도 똑같이 적용됩니다. 다만 인스타그램에서는 '#(해시태그)'를 통해 검색하므로 해당 해시태그의 게시물수와 계정의 팔로워수를 비교해가면서 자신의 채널 수준에 맞는 해시태그를 설정하고 업로드할 때마다 적용하면 됩니다.

인스타그램에서 원하는 해시태그를 입력하면 다음 쪽 그림처럼 자동으로 해당 해시태그를 적용한 게시물 숫자가 노출되는데, 이 숫자

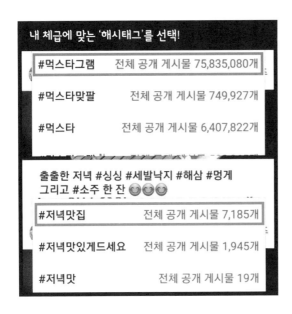

를 확인하면서 최종적으로 사용할 해시태그를 선택하면 됩니다.

게시물 숫자가 많다는 것은 그만큼 해당 해시태그 경쟁이 치열하다는 의미입니다. 예를 들어 요리, 음식, 맛집에 관한 인스타그램 채널을 운영한다면 당연히 '#먹스타그램, #맛스타그램'과 같은 해시태그를 활용하고 싶겠지만, 해당 해시태그는 이미 관련 게시물과 팔로워수가 많아서 경쟁이 상당히 치열합니다. 충분한 팔로워가 확보되지 않은 상태에서 이런 해시태그를 사용해 게시물을 올리면 '좋아요'를 받기가 거의 불가능합니다.

따라서 이런 경우 #먹스타그램 뒤에 '이모티콘을 추가'하거나, '#먹스타푸드, #먹스타'처럼 세부키워드를 추가하거나, '#저녁맛집'처럼 의미는 비슷하지만 경쟁강도는 덜한 해시태그로 대체하는 방법을 고려해야 합니다. 이렇게 해서 해당 해시태그의 '인기게시물'에

〈출처 : foodntour 인스타그램〉

노출돼야 일정 기간 밀리지 않고 상위에 노출되면서 좋아요를 받거나 팔로워를 늘릴 수 있기 때문입니다.

지금까지 설명한 것처럼 아이디어 키워드를 머릿속에 정리하고, 검색도구로 검색량을 확인하고, 일부 단어를 추가하거나 교체해서 연관키워드를 만들고, 실제 검색결과를 통해 경쟁 콘텐츠들을 확인하고 최종 타겟 키워드를 확정하는 일련의 키워드 리서치 과정을 지속적으로 반복하다 보면, 어느 순간부터 내가 기획하고자 하는 콘텐츠에 어떤 이용자 타겟 키워드를 써야 할지가 쉽고 명확하게 떠오르기 시작합니다.

👍 고객 눈높이를 고려한 키워드 분석

우리가 키워드를 분석할 때 항상 고려해야 할 사항은 채널 운영자나 공급자의 생각이 아니라 실제 소비자나 정보이용자가 사용하는 단어로 이루어진 키워드를 찾아내야 한다는 점입니다. 예를 들어 '짜장면, 자장면'이라는 2가지 키워드를 비교했을 때, 아래 그림처럼 뒤늦게 표준어가 된 '짜장면'의 검색수가 기존 단일 표준어였던 '자장면'보다 월등히 많다면 '짜장면'이라는 키워드를 사용하는 것이 소비자지향적인 선택이 됩니다.

이처럼 병용하는 단어나 사람들이 자주 헷갈리는 단어의 경우 반

| 전체추가 | 연관키워드 ⑦ ⇕ | 월간검색수 ⑦ | | 월평균클릭수 ⑦ | | 월평균클릭률 ⑦ | |
		PC ⇕	모바일 ⇕	PC ⇕	모바일 ⇕	PC ⇕	모바일 ⇕
추가	초콜렛 ⓢ	2,600	7,410	3.3	33.8	0.14%	0.49%
추가	짜장면	5,820	52,100	4.7	25.8	0.09%	0.06%
추가	자장면	2,080	9,840	1.2	3	0.07%	0.04%
추가	초코렛 ⓢ	920	4,010	4.1	48.8	0.46%	1.29%
추가	초콜릿 ⓢ	11,100	57,600	20.3	116.8	0.2%	0.21%
추가	수제초콜릿 ⓢ	930	4,220	17.4	169.5	1.93%	4.21%
추가	비건아이스크림	290	1,270	5.1	4.1	1.84%	0.34%
추가	비건간식	230	810	6.2	40	2.74%	4.99%
추가	뻥튀기	2,670	15,900	16.7	224.8	0.64%	1.43%

〈출처 : 네이버 검색광고 키워드도구〉

전체추가	연관키워드 ⑦	월간검색수 ⑦		월평균클릭수 ⑦		월평균클릭률 ⑦	
		PC	모바일	PC	모바일	PC	모바일
추가	결제	25,800	49,600	0.7	0	0.01%	0%
추가	결재	23,600	46,900	2.3	0.3	0.02%	0.01%
추가	이지체크단말기	1,080	4,360	7.7	59.3	0.73%	1.39%
추가	VAN사	950	850	3.7	0.3	0.4%	0.05%
추가	결제대행업체	90	70	1.3	2.3	1.43%	3.09%
추가	온라인결제시스템	90	80	2.5	2.7	2.67%	3.47%
추가	결제프로그램	50	20	0.4	1.5	0.64%	5.77%

〈출처 : 네이버 검색광고 키워드도구〉

드시 키워드도구로 검색수를 확인한 후 가장 많이 쓰는 단어를 활용하는 게 좋습니다. 예를 들어 '초콜릿/초콜렛/초코렛'이나 '트렌드/트랜드'라면 검색량이 많은 단어를 선택해야 한다는 것이죠. 다만 '결재/결제'의 경우 서로 다른 의미를 가지고 있기 때문에 위의 그림처럼 결과값이 비슷하게 나옵니다. 따라서 이런 경우에는 둘 중 하나를 선택하는 것이 아니라 상황에 맞는 단어를 활용하면 됩니다.

특히 여행 콘텐츠에 쓰이는 해외 지명, 외국인 호칭, 외국 요리명이나 비즈니스 용어 등의 외래어나 한자어, 같은 뜻을 가진 여러 가지 우리말 단어들, 특정 지역의 방언 등을 써야 할 때는 채널 운영자나 공급자의 생각이 아닌, 철저하게 타겟 이용자들이 주로 사용하는 키워드를 비교 검토한 다음 사용하는 것이 바람직합니다.

👍 SNS 플랫폼별 키워드도구 활용 툴

네이버 외에 다음 쪽 그림과 같은 구글(google) '키워드 툴(keyword

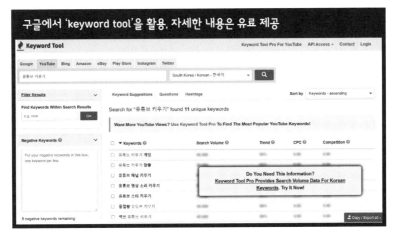

tool, https://keywordtool.io)'을 활용하면 인스타그램, 유튜브, 아마존 등 각 플랫폼별 키워드 데이터를 확인·활용할 수 있습니다.

따라서 만일 내가 블로그를 운영한다면 '네이버 검색광고 키워드 도구'나 '구글 키워드 플래너'를 활용하는 게 좋고, 다양한 SNS 플랫폼 채널을 운영한다면 '키워드 툴(keyword tool)'을 활용하는 것이 좋습니다. 또 유튜브의 경우에는 '튜브버디(Tubebuddy)'라는 툴도 꽤 유용하게 활용할 수 있습니다(221쪽 설명 참조).

키워드는 결국 수많은 이용자들과 고객들이 만들어놓은 '집단지성의 결과물(빅데이터)'이라고 할 수 있습니다. 각 플랫폼별 키워드도구를 이용하면 포털이 제공하는 이러한 빅데이터를 얼마든지 유용하게 활용할 수 있으므로 기본적인 키워드도구 사용법은 반드시 배우고 익혀둘 필요가 있습니다.

숨겨진 맥락과 상황에 맞는
키워드를 발굴하라

👍 기표와 기의 개념 제대로 알기

언어학자 소쉬르에 의하면 '기호'는 기표와 기의로 이루어지는데, '기표'란 어떤 대상이 물질적 형태로 쓰이거나 말하여지는 문자나 소리표식 등을 가리키며, '기의'란 기표가 지칭하는 개념을 가리킵니다.

예를 들어 '장미'라는 단어가 있다면 장미라는 글자 자체가 기표가 되고, 그 단어를 보거나 들었을 때 떠오르는 개념이 기의가 됩니다. 또 우리가 인스타그램에서 숱하게 사진이나 동영상으로 보는 파리의 에펠탑은 시니피에(기표)이고, 실제 오프라인에서 우리 눈으로 확인하고 만져보는 에펠탑은 시니피앙(기의)인 것이죠. 그런 의미에서 요즘의 여행은 SNS에서 눈으로 보고 듣는 기표를 여행지에서 확인하고 인증하는 과정이라고도 볼 수 있습니다.

그런데 소쉬르에 의하면 '기의'는 특정한 장미를 가리키는 게 아니라 장미라는 '기표'가 환기시키는 대상의 심적 영상을 표현한 것이라고 합니다. 즉, 하나의 기표가 단 하나만의 기의와 연결되는 것이 아니라 다수의 기의를 가질 수 있다는 뜻이죠. 예를 들어 '장미'라는 기표는 '꽃'이라는 의미 외에도 맥락이나 상황에 따라 '열렬한 사랑, 치명적 유혹' 등 다양한 기의와 연결될 수 있다는 의미입니다. 그래서 소쉬르는 '기표와 기의의 관계'는 자의적이며, 통상 그 언어공동체의 문화적 관습에 의해 결정된다고 합니다.

👍 키워드 속에 숨겨진 다양한 맥락(context) 이해하기

여러분이 키워드를 통해 고객이나 정보이용자를 이해하려면 바로 이 '기표와 기의'의 관계를 잘 이해할 필요가 있습니다. 여러분이 생각하는 특정 단어로 표현되는 키워드가 맥락이나 상황에 따라서는 다른 개념으로 쓰일 수 있기 때문입니다.

예를 들어 오늘 저녁에 친구들과 홍대 근처에서 만나기로 해서 관련 맛집을 검색해보니, 같은 뜻을 가진 '홍대맛집(96,000), 홍익대학교맛집(40)'이라는 2개 키워드의 검색량이 무려 2,400배 이상 차이가 납니다(네이버 검색광고 키워드도구의 월 모바일 검색수 기준). 왜 이렇게 많은 차이가 생기는 걸까요?

일단 '홍대맛집'에 비해 '홍익대학교맛집'의 단어수가 많아서 검색량이 줄었다고 볼 수 있습니다. 하지만 그렇더라도 그 차이가 너무 큰 것 같습니다. 더구나 홍대맛집들이 대부분 접근성이 좋은 홍대입

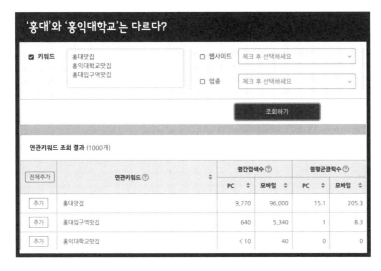

'홍대'와 '홍익대학교'는 다르다?

전체추가	연관키워드 ⑦	월간검색수 ⑦		월평균클릭수 ⑦	
		PC	모바일	PC	모바일
추가	홍대맛집	9,770	96,000	15.1	205.3
추가	홍대입구역맛집	640	5,340	1	8.3
추가	홍익대학교맛집	< 10	40	0	0

〈출처 : 네이버 검색광고 키워드도구〉

구역 근처에 몰려 있는 점을 감안하면 '홍대'보다는 오히려 '홍대입구역'이라는 키워드 검색량이 더 많을 것 같은데 말이죠.

여기에 대한 재밌는 사실이 하나 있습니다. 수없이 홍대 근처에서 친구들과 맛집을 찾은 사람들조차 정작 홍익대학교가 어디에 있는지 모르는 경우가 의외로 많다는 것입니다. 처음엔 홍익대학교와 같은 의미로서 '홍대'라는 줄임말을 쓰게 되기는 했지만, 그곳을 자주 찾는 사람들에게는 이미 '홍대'라는 개념에서 물리적인 '홍익대학교'의 의미는 실제 학교에 볼 일이 있지 않은 한 그리 중요하지 않게 됐기 때문이기도 합니다. 그보다는 클럽, 술집, 맛집, 카페, 놀이공간, 대학 등 젊은이들의 즐길거리가 많이 모여 있는 홍대 주변 주차장골목을 비롯해 그 근처의 합정동, 상수동, 연희동, 연남동까지를 포함하는 핫플레이스로써의 '홍대'라는 의미가 그들의 머릿속에 더 강하게 자리잡고 있기 때문입니다.

그러다 보니 오늘 저녁에 홍대에서 술 한 잔하고 싶은 사람에게는 '홍대맛집'에 대한 검색니즈가 크고, 상대적으로 '홍익대학교맛집'에 대한 검색니즈는 적을 수밖에 없는 것이죠.

또한 위에서 언급했듯이 '홍대입구역맛집(5,340)'이라는 키워드 역시 '홍익대학교맛집'에 비해서는 검색량이 꽤 되지만 '홍대맛집'에 비해서는 18배 이상의 차이를 보이고 있습니다. 이는 사람들에게 '홍대'의 개념이 실제로는 홍대 근처 이외에 합정동, 상수동, 연희동, 연남동까지 포함하는 좀더 포괄적인 개념으로 인식되는 영향으로 보입니다. 즉, '홍대입구역맛집'의 검색수는 '홍대맛집'이라는 개념범위의 일부, 즉 말 그대로 '홍대입구지하철역 주변의 맛집'으로 특정되는 장소를 찾는 사람들의 니즈만을 반영한 수치로 볼 수 있는 것이죠.

또 하나의 사례로 '강남'을 들어볼까요? 강남은 홍대만큼이나 사람들의 관심이 많은 장소입니다. 만일 여러분이 오늘 저녁 회식장소를 알아보려고 할 때 '강남맛집'과 '강남역맛집' 중 어떤 키워드를 검색해야 더 많은 결과를 얻을 수 있을까요? 위의 홍대 사례로 비추어 보면 단어 길이가 짧고 대표성을 갖고 있는 '강남맛집'의 검색량이 더 많을 거라고 예측할 수 있습니다.

그런데 웬걸? 실제 월별 모바일 검색수 결과를 보니 다음 쪽 그림처럼 '강남역맛집(90,300)'이 '강남맛집(67,200)'보다 많이 나왔습니다. 왜 이런 결과가 나왔을까요? 홍대 사례에 비해 검색량 차이는 덜하지만, 어쨌든 강남역맛집이 강남맛집보다 더 많은 사람들이 검색

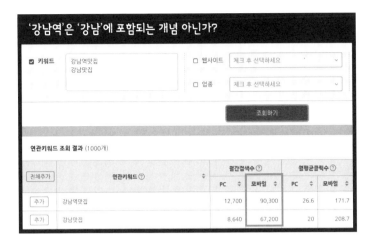

'강남역'은 '강남'에 포함되는 개념 아닌가?

| ☑ 키워드 | 강남역맛집
강남맛집 | ☐ 웹사이트 | 체크 후 선택하세요 ⌄ |
| | | ☐ 업종 | 체크 후 선택하세요 ⌄ |

조회하기

연관키워드 조회 결과 (1000개)

전체추가	연관키워드 ⑦ ⇕	월간검색수 ⑦		월평균클릭수 ⑦	
		PC ⇕	모바일 ⇕	PC ⇕	모바일 ⇕
추가	강남역맛집	12,700	90,300	26.6	171.7
추가	강남맛집	8,640	67,200	20	208.7

〈출처 : 네이버 검색광고 키워드도구〉

하는 키워드임에는 틀림이 없습니다.

강남의 경우에도 이를 검색하는 정보이용자들의 의도를 맥락에 따라 고민해보면 이해할 수 있습니다. 통상 '우리 오늘 저녁에 강남에서 만나'라고 이야기했을 때, 여기서의 강남은 대부분 2호선 지하철역 '강남역' 근처를 지칭합니다. 단어 그대로 해석하면 한강 이남은 모두 강남이기는 하지만, 예를 들어 노량진을 강남으로 받아들이는 사람은 거의 없기 때문이죠.

👍 상황에 따라 달라지는 키워드 우선순위

이렇게 문자로 표현되는 '기표'는 같거나 비슷하더라도 실제로 사람들이 이해하는 개념으로서의 '기의'는 맥락에 따라 다양하게 인식될 수 있습니다. 또한 이것이 모든 경우에 수학공식처럼 똑같은 법칙으로 적용되지는 않기 때문에 각각의 상황이나 맥락에 따른 정보이용자나 소비자의 의도를 정확히 파악해서 키워드를 발굴하는 것이 중요합니다.

특정 상황에 따라 달라지는 키워드 우선순위

앞서 소쉬르의 주장처럼 정보이용자들이 특정 상황에서 우선적으로 고려하는 니즈는 하나의 문화 및 언어공동체 안에서 상식적으로 행해지는 생각이나 행동에 기인합니다. 따라서 여러분이 타겟 키워드를 고민할 때는 그냥 막연하게 머릿속에서 떠오르는 대로 선택할 것이 아니라, 위와 같은 상식들을 토대로 좀 더 구체적으로 해당 상황에 맞는 키워드의 우선순위를 정할 필요가 있습니다.

가장 좋은 방법은 여러분이 비슷한 환경이나 상황에 처했을 때 무엇을 중요하게 생각하고 제일 먼저 무엇을 하게 되는지 곰곰이 생각해보는 것입니다.

예를 들어 여러분이 다음 달에 제주도로 가족여행을 가기로 했다고 가정해보겠습니다. 이런 경우 언뜻 생각하기에는 '제주도여행'이라는 키워드로 가장 많이 검색할 것 같지만 실상은 그렇지 않습니다. 실제로는 다음 쪽 그림처럼 '제주도항공권'이라는 키워드 검색량이 압도적으로 많고, 그다음으로 '제주도여행, 제주도맛집, 제주도호텔'이 비슷한 수준의 검색량을 나타내고 있습니다. 이는 사람들이 제주도여행을 계획할 때 '항공권'을 가장 중요하게 생각하고, 그다음으로 제주도여행이나 맛집, 호텔 등을 비슷비슷한 수준으로 중요하게 생각한다는 사실을 의미합니다.

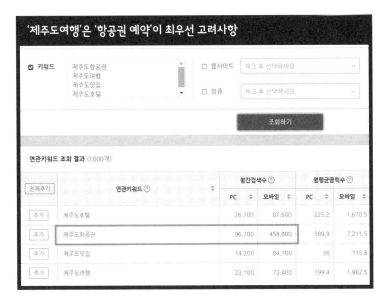

연관키워드 조회 결과 (1000개)		월간검색수 ⑦		월평균클릭수 ⑦	
전체추가	연관키워드 ⑦	PC	모바일	PC	모바일
추가	제주도호텔	26,700	87,600	225.2	1,670.5
추가	제주도항공권	96,700	458,800	589.9	7,211.5
추가	제주도맛집	14,200	84,700	36	715.8
추가	제주도여행	23,100	73,400	199.4	1,862.5

〈출처 : 네이버 검색광고 키워드도구〉

사실 잘 생각해보면 우리가 제주도여행을 계획할 때도 일반적으로 이런 수순을 따르고 있음을 알 수 있습니다. 즉, 가장 먼저 원하는 날짜·시간에 항공권이 있는지, 있다면 가격이 얼마인지를 확인해봅니다. 이렇게 원하는 날짜에 비교적 합리적인 가격으로 항공권을 구했다면 제주도여행의 50%는 결정된 셈이니까요. 그러고 나서 호텔이나 모텔, 게스트하우스 등 숙소를 정하고 제주도 여행지나 맛집을 알아보는 수순을 따르게 됩니다.

이번에는 해외여행에서 맛집을 검색할 때 주로 어떤 키워드로 검색하는지 알아보겠습니다. 다만 지금(2020년 9월 기준)이 해외여행이 어려운 코로나19 정국이라는 점을 감안해서 관련 키워드를 연간 트렌드로 확인해보겠습니다.

예를 들어 태국 여행과 베트남 여행을 계획한다면 사전에 현지 맛집을 검색해볼 것입니다. 이때 통상 현지 도시보다는 나라 전체의 규모가 크고 범위가 넓기 때문에 나라명이 들어간 키워드의 검색량이 많을 것 같지만, 실제로는 특정 도시명을 포함한 키워드의 검색량이 훨씬 많습니다. 즉, 다음 그림처럼 코로나19 정국 이전 시기를 기준으로 '베트남맛집'보다는 '다낭/하노이/호치민맛집'의 검색량이 더 많고, 태국여행과 관련해서도 '태국맛집'보다는 '방콕맛집'의 검색량이 더 많습니다.

왜 그럴까요? 일반적으로 해당 나라에 여행을 가는 사람들은 대부분 단기간 머물 계획을 세우기 때문입니다. 항공편에 따른 여행일정을 고려하면 현지에 머무는 기간이 3일에서 길어도 일주일 이내인

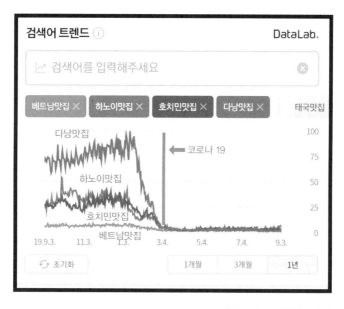

〈출처 : 네이버 검색어트렌드〉

경우기 대부분입니다. 이렇게 한정된 짧은 여행기간 내에 실제로 갈 수 있는 맛집의 범위는 나라 전체가 아닌 특정 도시로 한정될 수밖에 없습니다. 이러한 현실이 키워드 검색량에도 그대로 반영된 결과라고 볼 수 있습니다.

그렇다면 '제주도맛집'과 '제주(시)맛집'은 어떨까요? 위의 사례를 기준으로 보면 규모와 범위가 적은 '제주맛집'이 검색량이 더 많아야 하는데 실제로는 다음 그림처럼 '제주도맛집'이 더 많습니다. 그 이유는 간단합니다. 해외여행과 달리 제주도여행의 경우 2~3일 정도면 제주도 전체를 여행할 수 있기 때문에 해외여행과는 반대의 결과가 나타난 것이죠.

〈출처 : 네이버 검색어트렌드〉

특정 시즌에 따라 달라지는 키워드 우선순위

지금까지는 특정 시점에서의 검색량을 기준으로 설명했는데, 제품이나 서비스, 콘텐츠의 유형에 따라서는 '특정 시즌이나 연간 전체의 흐름'을 파악해서 키워드를 선택할 필요가 있습니다. 예를 들어 다음 검색사례들처럼 코트, 반바지, 스키장, 해수욕장 등은 계절에 따라

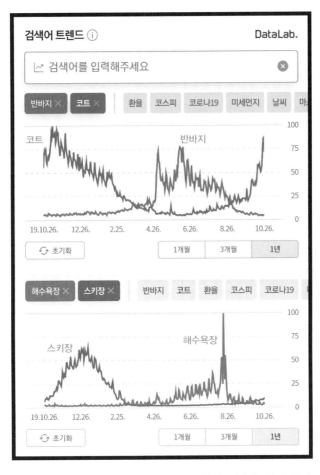

〈출처 : 네이버 검색어트렌드〉

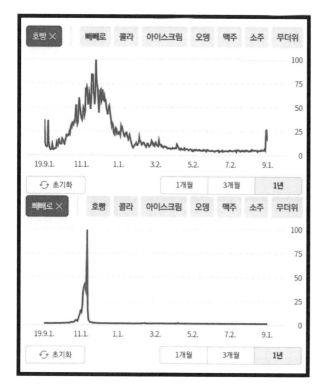

정보이용자들의 관심도 차이가 달리 나타나고, 추석, 설날, 어버이날, 스승의날, 빼빼로데이, 발렌타인데이 등 특정 날짜에만 관심이 급속도로 증폭되는 키워드도 있기 때문입니다.

특히 코로나19 발생을 기준으로 기존까지 지속됐던 일련의 검색량 흐름에 큰 변화가 생겼다는 점을 고려할 필요가 있습니다. 이에 따라 대부분의 이슈들을 코로나19 발생시점을 기준으로 2020년 3월 이전과 이후로 나누어서 검색해보는 것이 키워드 선택에 있어서 아주 중요한 사항이 되고 있습니다. 예를 들면 해외여행의 경우 코로나 이전에 비해 키워드가 급속도로 하락한 사례에 해당하며, 반대로 마스크나 배달음식 등과 관련한 키워드는 급속도로 증가한 사례에 해당합니다.

이를 위해 네이버 트렌드 차트나 구글 트렌드를 활용해서 특정 시점의 검색량이 아니라 3개월, 6개월, 1년 단위로 반복되는 키워드 검색량을 주기적으로 확인해서 키워드 활용에 반영할 필요가 있습니다.

지금까지 이야기한 것처럼 내가 운영하는 SNS 채널의 주요 콘텐츠와 관련 있는 키워드를 결정할 때는 습관적으로 문자 자체를 그대로 사용하기 보다는 해당 상황에서 정보이용자들이 실제로 어떤 고민과 행동을 하는지 좀 더 구체적으로 생각해봐야 합니다. 그리고 나서 그 맥락과 흐름에 따른 자연스러운 키워드를 발굴하고 최적화시키는 연습을 꾸준히 해나가야 합니다.

'키워드가 얼마나 중요하기에 이렇게까지 꼼꼼하게 알아보고 분석해야 하나?'라고 생각할 수도 있지만, 그런 노력에 따른 차이가 SNS 채널 운영의 효율성에 결정적 영향을 미칠 수 있습니다. 앞선 사례처럼 검색량이 적은 '홍익대학교맛집'이라는 키워드를 사용하거나, '홍대맛집'이라는 너무 강력한 키워드를 사용한다면 '왜 검색결과에 내 콘텐츠는 노출이 안 되는 거지'라는 의구심을 품은 채 효과도 없는 콘텐츠 발행이나 마케팅을 지속하게 될 수도 있기 때문이죠.

이런 비효율을 걷어내고 내 채널의 체급에 맞는 적정한 키워드를 발굴함으로써 적정한 노출을 확보하는 것이 바로 키워드 리서치, 즉 키워드를 발굴하고 분석하는 과정인 것입니다.

필자는 평소에 가끔 주변에서 소개팅을 시켜달라는 요청을 받곤 합니다. 하지만 필자는 소개팅 당사자 두 사람 모두를 속속들이 아는 경우가 아니면 웬만해서는 소개팅을 주선하지 않습니다.

물론 필자 역시 소개팅이 바쁘게 살아가는 삶 속에서 사람을 만나기 위한 시간부족을 해소하고, 다양한 사람을 만나기 위한 하나의 방법이 된다는 점에는 동의합니다. 반면에 소개팅은 자연스러운 만남에 비해 상대적으로 손쉽게 사랑하는 대상을 찾으려는 사람들이 주로 참여하고, 다양한 사람을 만나기는 쉬운 반면 나와 정말 잘 맞는 사람을 만나기는 상대적으로 쉽지 않은 속성도 있다고 생각합니다.

또한 소개팅은 만나서 마음에 들면 사귀고 그렇지 않으면 다시 안 만나면 된다는 일종의 소개팅만의 암묵적 전제가 존재합니다. 이렇듯 한두 번의 짧은 만남에서 이것을 결정해야 하다 보니 내 마음을 드러내지 않고 상대를 탐색할 충분한 시간을 갖지 못한다는 아쉬움이 존재할 수밖에 없는데요, 그러다보니 소개팅을 통해서는 오래 볼수록 매력이 느껴지는 사람을 만나기 힘든 경우가 많습니다.

이에 대해 내 마음을 드러내고 상대를 탐색하는 것과 내 마음을 드러내지 않고 상대를 탐색하는 데 무슨 차이가 있느냐고 생각할 수 있지만, 사실 여기에는 큰 차이가 있습니다. 소개팅의 경우 '맘에 들면 사귄다'라는 전제가 서로에게 영향을 미치기 때문에 상대방이 평상시 자연스러운 상황에서 하는 행동이나 성격, 습관, 마음가짐을 객관적으로 판단하기가 어렵습니다. 반면에 자연스러운 만남이라면 굳이 상대에 대한 내 마음을 드러내지 않고도 상대의 모든 것을 충분히 시간을 갖고 탐색할 수 있습니다. 후자의 경우 충분한 탐색을 통해 알게 된 상대의 단점까지 고려해 교제를 결정하기 때문에 상대적으로 관계가 오래 유지되는 경우가 많습니다.

이처럼 사람을 만나는 방식에 따라 상대방에 대한 태도나 탐색방법이 달라지는 것처럼, 마케팅의 경우에도 시장세분화에 따라 새롭게 정의된 각기 다른 시장마다 마케팅 전략을 달리할 필요가 있습니다. 예를 들어 표준품이나 생필품 등 쉽게 구입할 수 있고 상대적으로 저가제품이 주류를 이루는 시장인 경우 비차별적 마케팅 전략을 구사해야 합니다. 즉, 한 번에 많은 사람에게 동일한 정보를 전달하고 설득하는 데는 하나의 심플한 메시지를 개발해서 큰 차별화 없이 매스 미디어를 활용해서 타겟 고객에게 전달하는 전략이 효과적입니다.

반면에 명품, 예물, 보석 등 주로 제한된 제품을 고가격·고마진으로 판매하는 소위 맞춤주문형 하이엔드 시장(Tailored Market)의 경우 타겟 고객별 니즈가 서로 다릅니다. 따라서 이런 시장에서는 하나의 메시지를 일괄적으로 전달하는 매스 미디어 홍보전략보다는 철저하게 타겟별 원투원으로 대응하는 완전 시장세분화 전략이 필요합니다. 그만큼 소비자 한 명한 명에게 최적화된 제품을 생산하고 제공하기 위한 노력이 필요한 것이죠.

물론 사람을 만나는 방법이든 마케팅이든 '이것이 절대적인 방법이다'라고 할 수 있는 건 없습니다. 사람을 만나는 일이라면 자신의 가치관에 따라 만날 방법을 선택하고, 그때그때 상황에 따라 상대의 행동이나 태도 등에 적절히 대응하면 되겠죠. 다만, 어떤 방법으로 만나느냐 보다는 정말 좋아하는 상대가 나타났을 때 놓치지 않을 수 있는 나만의 연애능력을 키워나가는 게 더 중요하지 않을까요?

키워드의 전략적 배치 및
적용을 통한 검색최적화

최종 타겟 키워드를 결정했다면 이제 콘텐츠를 제작하는 데 있어서 해당 키워드들을 실제로 어떻게 전략적으로 배치하고 활용할지를 고민해야 합니다.

만약 이미 채널을 운영하고 있다면 기 발행된 콘텐츠에 타겟 키워드를 적용하는 방식으로 일부 내용을 수정합니다. 이때 채널 내 모든 콘텐츠를 수정할 필요는 없으며, 해당 키워드에 적합한 콘텐츠만을 골라 본래 의도했던 내용을 왜곡하지 않는 범위 내에서 적용해야 한다는 점에 주의해야 합니다.

채널을 새로 시작하는 경우라면 카테고리 포트폴리오를 타겟 키워드에 맞게 구성하거나, 콘텐츠를 만들 때마다 주제에 적합한 타겟 키워드를 배치하는 식으로 활용하면 됩니다. 이때 몇 가지 주의할 점이 있습니다.

👍 알고리즘에 맞는 타겟 키워드의 전략적 배치

먼저 동일하거나 유사한 키워드의 의미 없는 반복 사용에 주의해야 합니다. 한때 동일한 키워드의 반복으로 검색엔진을 교란시켜서 콘텐츠를 상위에 노출시키던 시기가 있었습니다. 하지만 지금은 구글뿐 아니라 네이버에서도 그런 방법이 통하지 않습니다. 포털의 데이터베이스에 쌓여 있는 '형태소 분석'에 의해 노출순위가 결정되므로, 동일 키워드를 의미없이 반복하면 오히려 퀄리티 낮은 문서로 분류되어 검색순위에서 손해를 보기 때문입니다. '형태소 분석'이란 예를 들어 '제주도호텔'이라는 키워드라면 '제주도', '호텔', '제주도호텔'이라는 3가지 형태소가 존재하는데, 이들이 콘텐츠 내에서 자연스럽게 어우러져 스토리가 만들어졌는지를 분석하는 것입니다.

네이버 등은 이런 검색 알고리즘을 정교화하면서 주기적으로 업데이트하고 있으며, 시스템에 의해 걸러지지 않는 어뷰징에 대해서는 메커니컬 터크(Mechanical Turk, 아마존 등에서 컴퓨터가 하지 못하는 일을 사람에게 직접 시키는 웹서비스)처럼 직접 사람을 고용해서 필터링하기도 합니다.

최근에는 알고리즘이 한층 더 업그레이드돼서 콘텐츠 적합도의 평가기준이 단순 형태소의 어울림뿐만 아니라 유사 키워드 그룹개념까지 확장됐습니다. 예를 들면 '제주도여행'이라는 키워드는 '여행' 관련 키워드 카테고리와 '제주도'라는 지역(local) 키워드 카테고리로 분류되어 이와 관련성이 높은 유사 키워드가 함께 쓰였을 때 상위노출이 잘 되고 있음을 알 수 있습니다.

만일 위와 같은 알고리즘을 기반으로, 키워드의 의미없는 단순반복 사용을 피하면서 타겟 키워드를 전략적으로 배치하는 방식으로 간단하게 포스팅을 한다면 이런 식의 전개가 가능합니다.

올해 여름은 코로나로 인해 해외여행은 현실적으로 불가능하기에 국내여행을 알아보게 되었습니다. 요즘 한참 서핑으로 뜨고 있는 강원도 양양비치와 최근 10년간 한 번도 못 가본 제주도를 고민하던 끝에, 저렴한 항공권으로 다양한 먹거리를 맛볼 수 있는 제주도여행을 결정하게 되었습니다. 제주도여행까지는 한 달 정도가 남았으니, 제일 먼저 항공권을 예매해야 하는데, 항공권은 여행어플과 특정 항공사를 크로스체크해서 원하는 날짜·시간에 가장 저렴한 편으로 결정하면 됩니다.

제주도로 가는 항공권이 해결됐다면 이제 호텔을 예약해야 합니다. 호텔은 제주도 여행 일정에 따라 위치와 숙박 일정을 결정하는 것이 좋습니다. 여행기간이 짧고 중요한 볼거리만을 짧게 보고올 생각이라면 공항에서 가까운 제주 시내에 있는 호텔을 예약하는 것이 좋고, 여행 기간이 상대적으로 길고 여러 장소를 옮겨야 하는 일정이라면, 제주시/서귀포시/중문관광단지 등 제주도 주요 사이트별로 날짜를 나눠서 호텔을 잡아 두는 것이 좋습니다.

위의 포스팅을 알고리즘에 비추어 분석해보면, '제주도, 여행, 제주도여행'이라는 형태소가 어색하지 않게 잘 배치돼 있으며, 제주도여행과 관련성이 높은 '국내여행, 제주도 항공권, 제주도호텔, 제주시,

서귀포시' 등의 유사키워드를 적절히 활용해서 징보를 제공하고 있습니다.

콘텐츠 이용자 입장에서 생각해본다면 위의 내용을 더욱 명확하게 이해할 수 있습니다. '제주도여행'을 검색하는 사람은 당연히 제주도와 제주도여행에 대한 정보를 얻고 싶거나, 이미 제주도여행을 다녀온 사람들의 후기를 통해 감성적인 대리만족을 얻고자 할 것입니다. 그런 사람들에게 원하는 정보는 제공하지 않고 '제주도여행'이라는 단어만을 반복하거나 어색한 문장을 일부러 끼워넣는다면 당연히 아무런 정보가치적인 공감도 주지 못하는 콘텐츠가 될 수밖에 없습니다.

👍 타겟 키워드 사용에 따른 실제 효과분석

또한 타겟 키워드를 사용해서 콘텐츠를 발행했다면 실제로 원하는 효과가 있었는지를 분석해보아야 합니다. SNS 플랫폼 통계도구를 활용해서 실제 내 채널의 조회수와 방문자 사용시간이 얼마나 되는지, 어떤 키워드로 유입되는지 등을 모니터링해보고 그 결과를 토대로 기존 타겟 키워드를 변경하거나 신규 키워드를 발굴해서 적용할 수 있습니다. 여기서는 네이버 블로그 통계도구를 기준으로 이러한 모니터링 과정을 알아보겠습니다.

먼저 네이버 블로그의 관리모드에서 블로그통계 메뉴를 클릭해서 들어갑니다. 들어가보면 여러 지표들이 있는데, 그 중에서 가장 중요한 다음 4가지 지표만 주기적으로 살펴보면 됩니다.

1. 다음 그림과 같은 '방문분석' 지표 중에서 한 가지 기준을 선택해서 채널이 꾸준하게 성장하는지를 체크합니다. 참고로 순방문자수, 조회수, 방문횟수 등은 지표별로 조금 차이는 있지만 전체적으로 비슷한 흐름을 보여줍니다.

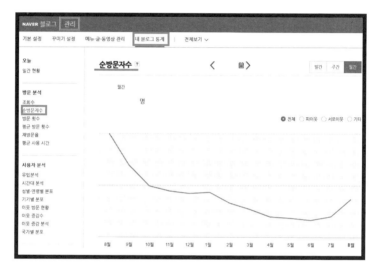

〈출처 : 네이버 블로그 통계지표〉

2. 다음 쪽 그림처럼 방문분석 지표 중에서 '평균사용시간'을 통해 콘텐츠의 퀄리티를 측정합니다. 참고로 평균사용시간은 방문자가 내 채널에 들어와서 얼마 동안 머무는지를 나타내는 지표로, 검색엔진의 알고리즘에서는 방문자가 오래 머물수록 양질의 콘텐츠라고 판단합니다.

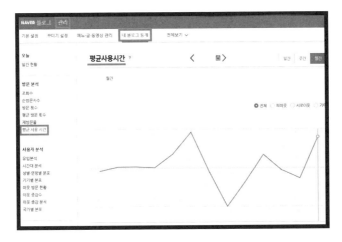

〈출처 : 네이버 블로그 통계지표〉

3. 다음 그림처럼 '사용자분석' 지표 중에서 '유입분석 > 전체'를 통
해 방문자들이 자발적 검색을 통해 유입되는 비율을 측정합니다.

〈출처 : 네이버 블로그 통계지표〉

4. 다음 그림처럼 사용자분석 지표 중에서 '유입분석〉검색유입'
을 통해 이용자들이 어떤 검색어로 유입되는지와 주요 검색어
비율이 어떻게 되는지를 체크합니다.

〈출처 : 네이버 블로그 통계지표〉

위의 내용을 다시 요약하면, 먼저 '순방문자수'를 통해 내 블로그
채널이 성장하고 있는지 확인하고, '평균사용시간'을 통해 방문자들
이 내 콘텐츠에 공감하거나 몰입하고 있는지를 측정합니다.

또한 '유입분석'을 통해 전체 유입수에서 자발적 검색이 차지하는
비율이 얼마인지(검색최적화를 제대로 했다면 검색으로 유입되는 비율이 점
점 상승해야 합니다), 어떤 플랫폼(네이버, 구글, 다음 등)을 통해 들어오는
지를 체크하고, 마지막으로 '검색유입'을 통해 어떤 키워드로 주로
유입되는지를 점검합니다.

이렇게 측정한 결과 여러분이 계획한 대로 타겟 키워드를 통해 이

용자들의 유입이 활성화됐다면 해당 키워드를 적극적으로 확대해서 활용할 필요가 있습니다. 반면에 계획대로 유입되지 않았다면 적절한 대체 타겟 키워드를 다시 발굴해서 활용해야겠죠.

여러분의 채널을 꾸준히 성장시키기 위해서는 위와 같이 각 채널에서 제공하는 통계도구(페이스북 페이지관리자, 유튜브 스튜디오 등)를 활용해서 주기적으로 채널의 전반적인 상태를 점검하고, 여러분이 결정한 타겟 키워드에 따른 상위노출 콘텐츠를 분석하는 작업(블로그, 인스타그램, 유튜브)을 해나가야 합니다.

또한 채널이 성장하는 속도에 맞춰 타겟 키워드를 적절히 변경해 줄 필요도 있습니다. 즉, 채널이 성장하게 되면 그 체급에 맞게 단계별로 비슷한 의미를 갖고 있더라도 검색량이 더 많은 키워드로 바꿔가며 적용하는 것이 좋습니다.

한편, 타겟 키워드 적용과는 별개로 중·장기적인 검색최적화 측면에서 내 채널의 전문적인 내용을 연재형식으로 꾸준히 포스팅하는 방법을 활용할 수 있습니다. 이런 경우 검색엔진이 내 채널이 특정 분야에 대해 전문성이 있다고 인정해서 상위노출뿐 아니라 첫 페이지에 오래 머무를 수 있도록 해주기 때문이죠. 이에 따라 더 많은 노출과 방문자 유입효과를 얻을 수 있기 때문에 채널이 중·장기적으로 꾸준히 성장할 수 있습니다.

네이버 블로그
상위노출 가이드라인

만일 여러분이 네이버 블로그를 운용한다면 되도록 지금부터 설명하는 가이드라인에 따라 포스팅하고 관리하는 것이 좋습니다. '뭐 꼭 운영 가이드라인까지 지켜가며 포스팅해야 하나'라고 생각할 수 있지만, 반대로 생각하면 가이드라인이 있다는 것은 그만큼 비정상적인 방법을 악용해서 블로그를 운영하는 사람들이 많다는 반증으로 볼 수 있습니다.

그런 방법들을 그대로 방치하면 결국 방문자들에게 필요한 양질의 정보를 정확하게 제공할 수 없게 되므로, 어찌 보면 콘텐츠 소비자들 입장에서는 당연히 필요한 시스템이라고 할 수 있겠죠. 따라서 운영 가이드라인을 블로그 운영을 불편하게 하는 조치라고 생각하기보다는 상식적인 수준에서의 블로그 운영지침이라고 인식할 필요가 있습니다.

또한 사람이 평가하는 것이 아니라 알고리즘이라는 일종의 시스템이 점검하고 평가하므로 '실제로 악의적인 의도가 있었냐 없었냐'라는 '정성적인' 부분까지 판단하기 어려운 점이 있습니다. 따라서 가이드라인을 지키지 않으면 실제로는 부정한 방법을 쓰지 않았음에도 블로그 콘텐츠의 검색노출에 문제가 생길 수 있으므로 기본적인 사항에 대해서는 미리 알아두는 것이 좋습니다. 특히 네이버의 알고리즘이 점점 정교화되고 조건이 까다로워지고 있으므로 검색제한에 걸릴 가능성이 있는 항목들을 꼼꼼히 살펴보고, 매번 포스팅할 때마다 체크하는 습관을 들일 필요가 있습니다.

참고로 어뷰징을 방지하기 위한 알고리즘은 네이버에만 존재하지는 않습니다. '인스타그램'의 경우 일정 시간 내에 반복된 활동(좋아요, 맞팔, 댓글작업 등을 빨리 하거나 많이 하는 경우 등)을 하면 팝업창이 뜨면서 해당 작업이 차단됩니다. 또한 이런 활동이 지속적으로 반복되면 해킹이라고 판단해서 '계정 소유주가 맞는지'를 확인하는 메시지가 뜨고, 비밀번호 등을 바꾸지 않으면 다시 접속이 안 되는 방식으로 어뷰징을 방지하고 있습니다.

'유튜브'의 경우에도 비슷한 다른 채널에 비해서 일정 기간 동안 비정상적으로 구독자수가 늘어나면 알고리즘이 편법(자동 매크로 프로그램 사용 등)을 사용했다고 판단해서 해당 구독자수를 임의로 삭제시키거나 심지어는 계정 자체를 사용하지 못하게 하고 있습니다.

네이버 블로그 검색 제한 및 누락(저품질) 체크리스트

1. 사진 및 본문 콘텐츠 도용

2. 도입부에 광고성 멘트

3. 키워드 남발(제목·본문) 및 의도적인 키워드 다량 삽입

4. 동일 키워드를 제목으로 한 포스팅 짧은 기간 안에 포스팅

5. 키워드로만 이루어진 제목(서술형이 아닌 단순 단어의 나열)

6. 포스트 등록 후 상위노출을 위한 의도적인 키워드 수정

7. 잦은 포스팅 수정과 노출설정 변경 및 잦은 삭제

8. 매 포스팅마다 외부 사이트로의 링크 삽입

9. 매 포스팅마다 업체 주소, 전화번호 작성

10. 소통 없이 이웃만 많은 블로그

11. 어뷰징 아이디와의 서로이웃, 그들의 댓글 및 공감

12. 방문자수보다 과도하게 많은 공감, 댓글

13. 같은 대역 IP에서의 품앗이(스크랩, 댓글, 공감)

14. [ ], 〈 〉 등의 반복적인 사용(패턴화가 되는 것이 문제)

네이버 블로그 운영 가이드라인

1. 사진 개수는 4장 이상 10장 이하 불규칙하게 삽입

2. 운영 초기에는 1천~5천, 3개월 이후는 2천~1만 키워드 적용
   (네이버 월간 모바일 검색수 기준)

3. 제목은 21자 내외로 구성하고 문맥에 맞게 핵심 키워드를 자연스럽게 적용

4. 타겟 키워드는 4~5개 정도를 문맥의 흐름에 맞게 배치

5. 포스팅은 블로그 글쓰기 창을 열고 최소 30분 이상 작성 후 발행

6. 1개의 포스팅에 포함되는 적정 단어수는 400~600자 사이

7. 포스트 발행시간은 불규칙적으로 발행(날마다 같은 시간 예약발행

금지)

8. 평균 방문자 이용시간은 2분 30초 이상 유지

9. 포스트 등록주기를 일정하게 유지(매일 또는 일주일에 2회 등)

10. 타겟 키워드 검색 시 상위노출되는 경쟁 콘텐츠를 주기적으로 분석

11. 전문적인 내용을 시리즈물로 일정 기간 이상 지속적으로 포스팅

3장

유튜브 검색최적화와
채널 성장 노하우

유튜브 알고리즘
이해하기

　유튜브 채널의 컨셉은 블로그와 마찬가지로 가능하면 '엔터, 일상, 게임, 리뷰, 먹방, 요리, 뷰티, 비즈니스·창업, 자기계발, 강의·교육, 키즈' 등 대중들에게 관심을 많이 받고 있는 분야와 내가 꾸준히 알리고 싶은 내용을 적절하게 포트폴리오해서 타겟에 맞춰 일관성 있게 운영하는 것이 중요합니다. 초기 영상 콘텐츠 기획이 어렵다면 자신이 운영하려는 채널과 컨셉·타겟이 비슷한 카테고리 내의 상위권 채널에서 조회수가 많은 채널 영상들의 내용·포맷 등을 분석해서 벤치마크하는 것도 좋은 방법이 됩니다.

👍 유튜브 채널 성장과정 이해하기

　채널 컨셉이 셋업되고 나서의 유튜브 성장과정은 다음과 같습니

〈출처 : '신사임당' 유튜브채널〉

다. 채널을 오픈하기 전에 미리 10개 정도의 영상을 제작해둡니다.
영상을 올릴 때는 세부 틈새 키워드를 활용해 검색노출을 시도하거
나, 유명 유튜버와 비슷한 키워드를 활용(해당 유튜버 채널 방문시청 및
댓글활동)해서 유명 채널 영상에 따라 나오는 추천동영상 노출확률을
높입니다.

　1차 노출된 정보이용자나 고객들에게서 영상의 주요지표(클릭률,
시청시간, 좋아요수)가 평균 이상의 스코어를 획득하면, 유튜브 알고리
즘은 해당 영상 관련 고급 진성 유저(평균 영상시청시간이 높은 시청자 타
겟)에게 영상을 노출하거나, 유튜브 메인·추천영상 노출 가능성을
높여주는 방식으로 영상의 조회수와 구독자 증가를 달성하도록 해
줍니다. 참고로 앞서 채널 오픈 전에 미리 전략적으로 10개 정도의
영상을 미리 기획·제작해두라고 한 이유가 바로 채널 초기에 유튜브
메인 또는 유명 유튜버 추천영상으로 뜨는, 소위 '떡상'이 됐을 때 관

런 후속 영상을 바로 업로드하기 위해서입니다. 해당 영상 때문에 채널에 들어왔는데 다른 영상이 전혀 없거나, 곧바로 관련한 다른 영상이 업로드되지 않으면 고객들은 해당 채널에 대한 기대감이 생기지 않기 때문에 구독 버튼을 누르지 않게 됩니다.

2차 노출 이후 주요 키워드로 검색 상위노출이 되면 조회수·구독자·좋아요가 지속적으로 증대되고, 비슷한 주제의 영상을 꾸준히 업로드하면 채널 내 영상 전체 평균 시청시간이 증가합니다. 이렇게 되면 당연히 영상별 시청시간이 증가함에 따라 이용자들의 광고 시청 기회가 증가하면서 자연스럽게 광고수입도 늘어나게 됩니다.

👍 유튜브 알고리즘의 기본 로직

유튜브 알고리즘에는 검색로봇이 크롤링(웹상에서 유용한 정보를 찾아서 특정 데이터베이스에 수집하는 작업)과 인덱싱(저장된 데이터에 접근하기 위한 색인작업)을 통해 특정 영상 및 음성 데이터들을 분석한 다음 기존 영상 데이터베이스와 비교해서 카테고리 분류표에 맞게 매칭시켜주는 로직이 존재합니다. 그래서 특정 영상이 올라오면 해당 영상의 키워드, 메타태그, 영상내용 등을 파악해서 검색을 통해 들어온 타겟 시청자들과의 매칭 적합도를 분석합니다.

이후 분석된 타겟에게 일정 기간 동안 해당 영상을 노출시킨 후 클릭률이나 시청시간, 댓글 등의 반응도를 측정해서 카테고리 평균 이하의 스코어를 받으면 더이상 유튜브에서 추천을 하지 않고 노출을 점점 줄이게 됩니다. 시청시간이 너무 짧고, 채널 내의 다른 영상도

보지 않거나 심지어 유튜브앱을 뛰쳐나가는 경우는 해당 채널에 패널티를 줄 수도 있습니다.

반대로 카테고리 평균 이상의 시청시간을 확보한 영상들은 특정 카테고리 내에서 평균 시청시간이 높은 고급 진성 유저들에게 추천되면서 영상시청시간이 더욱 길어지는 선순환이 일어나게 됩니다. 다만 이러한 선순환이 한 번에 일어나지는 않고, 처음 수집된 타겟에 노출되면서 그래프가 높이 올라갔다가 해당 타겟에 대한 노출이 소진되면 그래프가 가라앉은 뒤, 일정 시간이 지난 다음에 추가로 학습된 타겟에게 노출시키는 방식으로 파도를 타듯 노출을 반복해서 푸시해줍니다.

예를 들어 유튜버가 올린 첫 영상을 '쇼핑몰창업'이라는 키워드를 검색한 사람들에게 보여줬는데, 그들을 분석해보니 '30대 남성 직장인'이 많았다면, 그다음에는 그들을 대상으로 구글홈이나 추천영상으로 노출시켜주고, 그때 시청한 사람들이 특정 채널의 구독자들이라면, 그다음에는 '30대 직장인이면서 해당 채널 구독자'에게 보여주는 식입니다.

즉, 유튜브 알고리즘은 특정 영상 유저들의 공통점을 발견하고 이를 수집하고 있다가 어느 정도 구체화되면 구독이나 검색을 하지 않더라도 해당 영상에 맞는 타겟을 계속해서 찾아내면서 추천하고 노출시켜주는 구조라고 할 수 있습니다.

유튜브 알고리즘이 궁극적으로 원하는 바는 사람들이 유튜브앱 안에서 오래 머물고 그에 따라 보다 많은 광고노출을 통해 수익을 얻는 데 있습니다. 따라서 유튜브 채널을 운영할 때는 이러한 유튜브

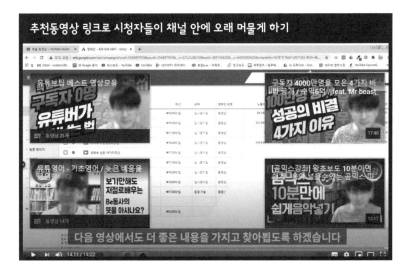

알고리즘의 니즈에 맞춰 '세션타임(시청자들이 유튜브앱을 열고 나서 닫을 때까지의 전체 체류시간 중 특정 채널의 체류시간이 차지하는 비율)'을 늘려야 합니다. 이를 위해서는 영상 중간에 추천카드를 넣거나, 영상 마지막에 추천동영상을 넣어서 채널 내 다른 영상을 시청하게 하거나, 전략적 재생목록(인기영상모음 등) 구성을 통해 내 영상에 한 번 노출된 시청자들이 되도록 오랜 시간 동안 채널 내에 머물도록 유도할 필요가 있습니다.

유튜브 검색최적화
제대로 활용하기

👍 검색최적화를 통한 채널 활성화 노하우

유튜브 채널 운영 초기의 검색최적화는 블로그와 마찬가지로 내 채널의 체급에 맞는 키워드를 선택해서 적용하고, 강력한 제목(키워드 포함)과 썸네일로 클릭을 유도하고, 영상 앞부분 10초 내에 시청자를 사로잡는 데 초점을 맞춰야 합니다. 이를 위해서는 인트로를 불필요하게 길게 만들거나 영상 전체를 요약해서 보여주지 말고, 가장 중요한 하이라이트 컷만 잠깐 먼저 노출시켜서 시청자를 붙잡아두고 본 영상에 들어가는 방식을 취하는 것이 좋습니다.

유튜브 알고리즘은 영상의 제목, 설명, 태그, 화질, 음성 데이터 등 모든 요소를 수집합니다. 심지어 해당 유튜버의 시청기록에 의한 관심사까지도 수집하는 것으로 알려져 있습니다. 따라서 채널 운영 초기에는 검색로봇이 내 채널이나 영상에 대한 정보를 거의 갖고 있지 않다는 점을 감안하여, 영상의 제목, 태그, 설명 등 아주 사소한 부분까지 꼼꼼하게 챙기는 것이 좋습니다. 즉, 유튜브 알고리즘이 나를 제대로 알고 평가할 수 있도록 최대한 도와주는 활동을 해야 합니다.

또한 내 채널의 타겟과 콘텐츠 내용이 비슷한 검색 상위노출 채널

〈출처 : '허대리의 독립월급스쿨' 유튜브채널〉

영상에서 쓰고 있는 키워드, 세목, 썸네일 방식을 적용하거나, 해당 채널명을 해시태그로 직접 활용하는 것도 내 영상의 노출확률을 높이는 방법이 됩니다. 이와 함께 해당 인기 채널에 반복적으로 방문하고 시청하면 내 채널과 해당 채널과의 관련지수가 높아지기 때문에 시청자들이 인기 영상을 볼 때 내 영상이 추천영상으로 노출될 확률을 높일 수 있습니다.

👍 유튜브 타겟 키워드 리서치 및 활용방법

유튜브 영상에서 활용한 타겟 키워드를 조사할 때는 '튜브버디(Tubebuddy)'라는 키워드 탐색기로 들어가서 키워드를 검색한 후 해당 키워드의 경쟁강도와 검색량을 고려해서 자신의 채널 수준에 맞는 키워드를 선택해야 합니다. 이때 키워드툴(https://keywordtool.io/youtube)이라는 도구를 동시에 활용해도 좋습니다. 참고로 튜브버디는 모바일이라면 앱스토어에서 Tubebuddy를 검색해서 다운로드받거나, PC라면 관련 웹페이지(http://www.tubebuddy.com)에서 다운로드받아 설치하면 유튜브를 열 때마다 자동으로 구동됩니다.

예를 들면 크롬에 튜브버디를 설치하고 '베이킹소다 사용법'을 검색하면 다음 쪽 그림의 오른쪽 부분처럼 해당 키워드의 스코어, 연관 검색어, 자주 쓰이는 관련 해시태그까지 알려줍니다. 이러한 키워드 스코어 정보를 보면서 검색량은 많고 경쟁강도는 상대적으로 낮은 키워드를 타겟 키워드로 선택해서 영상의 제목, 설명란 등에 활용하는 것이 좋습니다.

이때 초보 유튜버들이 특히 유의해야 할 사항이 있습니다. 채널 운영 초기에 올리는 영상에 타겟 키워드를 별도로 설정하지 않거나 체급에 맞는 키워드를 사용하지 않는 경우, 유튜브 알고리즘에 해당 채널에 대한 정보가 많이 없기 때문에 여기저기 다양한 카테고리 타겟에 해당 영상을 돌리게 됩니다. 이러다 보면 해당 영상에 관심이 없는 시청자들이 클릭조차 하지 않거나, 설사 클릭해 들어가더라도 영상을 지속해서 보지 않고 중간에 이탈하는 등 반응율이나 체류시간이 떨어져서 결국 해당 영상이나 채널은 노출이 점점 어려워지는 악순환을 겪게 됩니다.

반면에 타겟 키워드를 선택한 다음, 다음 쪽 그림처럼 영상의 설명란 첫줄에 해당 키워드와 함께 채널명을 해시태그로 입력해놓으면 영상 제목 바로 위에 해당 키워드가 노출되면서 검색을 통한 방문확

〈출처 : '은우채널 유튜브Tip' 유튜브채널〉

률을 높일 수 있습니다. 참고로 해시태그 노출은 최대 3개까지 가능하며, 유튜브 영상에서 해당 해시태그를 클릭하면 검색창에 해당 키워드를 입력한 것과 똑같은 결과를 얻을 수 있습니다. 이렇게 해시태그를 넣었다면 그 바로 아래에 영상에 대한 간단한 설명을 써줍니다.

그리고 영상 아래에 '더보기'를 클릭했을 때 나오는 영역에는 위의 그림처럼 채널 링크를 먼저 입력해주고, 그다음에 추천동영상, 내가 운영하는 SNS 채널 링크, 기타 참고할 만한 사이트나 유튜브 채널 링크를 입력해주면 됩니다.

썸네일은 핵심 키워드(예 : 직장인 투잡, 구매대행, 스마트스토어 등) 1개 정도와 대중성이 있고 호기심을 자극할 만한 제목이나 디자인을 함께 사용해야 추천영상으로 떴을 때 보다 많은 사람들의 클릭을 유도할 수 있습니다. 어렵게 추천영상에 떴는데 썸네일이 부실하거나 제목의 매력이 떨어지면 기껏 잡은 기회를 놓칠 수도 있습니다.

유튜브 알고리즘은 블로그처럼 세부키워드를 너무 많이 쓰지 않아도 영상과 관련한 타겟 시청자들에게 비교적 정확하게 노출시켜 줍니다. 즉, 유튜브 알고리즘은 특정 주제에 대한 영상을 지속적으로 올린 채널에서 최근 영상 1~2개의 제목을 아무렇게나 짓더라도 기존 주제에 관심이 있던 타겟 시청자들에게 대부분 도달하게 해줄 정도로 학습효과가 뛰어납니다.

그렇기 때문에 키워드에 지나치게 종속되지 않고 이슈를 만들어내는 데는 블로그나 인스타그램보다는 유튜브가 적합합니다. 영상이라는 포맷의 파괴력과 함께, 채널 구독자에 의한 강력한 팬덤과 키워드 이외에 유튜브 알고리즘이 가지는 추천영상 등의 노출을 통해 짧은 기간에 폭발적인 조회수를 확보할 수 있기 때문입니다.

유튜브 채널 성장 노하우
알아보기

👍 영상 조회수 및 채널 구독자 확보하기

특정 시점에 전략적 영상 업로드하기

유튜브 알고리즘은 통상 채널의 첫 영상을 업로드하는 시점과 구독자 100명 및 1,000명이 되는 시점에 노출을 늘려준다고 알려져 있습니다. 따라서 여러분이 채널 운영을 할 때도 해당 시점에는 전략적으로 강력한 영상을 업로드할 필요가 있습니다. 예를 들어 첫 영상에서 단순 채널소개 영상을 올리기 보다는 사전에 몇 개의 영상을 미리 제작해두었다가 그 중 강력한 영상을 먼저 올리고, 이후에 채널 소개를 하는 방식이 효과적일 수 있습니다.

마찬가지로 구독자 100명째, 1,000명째도 전략적인 영상을 업로드하는 것이 좋습니다. 또한 주기적으로 내 채널에서 조회수가 가장 많았던 영상을 분석해서 비슷한 컨셉의 영상을 늘려나가는 것도 조회수 등을 늘리는 좋은 방법이 됩니다.

구독자 관련 운영 노하우

블로그의 경우 대부분의 조회수가 블로그 이웃의 방문보다는 검색을 통해 발생하지만, 유튜브는 상대적으로 '구독자의 영향력'이 조회수에 막강한 영향을 미칩니다. 또한 블로그는 포스팅 시점 이외에는 이웃들과의 실시간 대화가 쉽지 않지만, 유튜브는 라이브 방송을 통한 구독자들과의 실시간 소통이 가능합니다. 특히 지금은 이러한 소통방식을 통한 상호작용과 후원활동이 유튜브 채널 운영에 있어서 아주 중요한 요소로 자리잡고 있습니다.

채널 운영 초기에 구독자수를 늘리기 위해 무분별하게 맞구독을 하는 행위는 지양해야 합니다. 유튜브 알고리즘은 내 채널 콘텐츠 주제에 관심 있는 유저가 구독해야 내 영상을 특정 카테고리에서 인기가 있다고 평가하며, 이렇게 실제로 내 채널 콘텐츠에 관심 있는 구독자들이 쌓여야 영상을 업로드할 때마다 초기 조회수(48시간 내 조회속도)가 상대적으로 빠른 속도로 올라가서 구글홈이나 추천동영상에 노출될 확률이 높기 때문입니다.

블로그나 인스타그램, 카페 등 다른 SNS 계정이나 커뮤니티를 통해 자신의 유튜브 계정을 홍보하고 구독자를 모으는 것도 좋은 방법입니다. 다만 이때 광고처럼 그냥 링크를 걸고 다짜고짜 '방문해보세요' 또는 '제가 만들었으니 보세요' 식으로 홍보하는 방식보다는, 영상 캡처화면 등을 활용해서 포스팅하고 '추가로 궁금한 내용은 영상

을 참조하세요' 하는 식으로 진심을 담아 추천하는 방식이 훨씬 효과
적입니다.

구글애즈를 이용한 광고집행

내 영상을 알리기 위해 구글애즈를 활용해서 광고를 집행할 수도
있습니다. 구글애즈에서는 일일예산으로 광고집행을 할 수 있고, 세
밀한 타겟팅도 가능합니다. 이때 광고에 활용할 영상의 소재는 '유
튜브 필수 무료영상 편집툴 3가지, 누구나 쓸 수 있는 BGM사이트
TOP10' 식으로 많은 사람들에게 유용한 소재를 활용하는 것이 좋
습니다.

블로그와 마찬가지로 유튜브 역시 위와 같은 방식으로 확보한 시
청자나 구독자들이 꾸준히 방문하도록 콘텐츠를 꾸준히 업로드하는

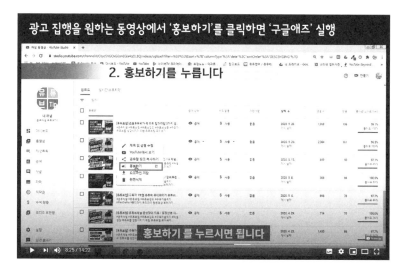

〈출처 : '은우채널 유튜브Tip' 유튜브채널〉

'지속성'이 중요합니다. 이를 위해서는 앞서 '공감콘텐츠 제작 노하우'에서 얘기한 것처럼, 채널 카테고리(재생목록) 포트폴리오를 타겟에 맞춰 구성해서 관련 콘텐츠 영상을 꾸준히 올리거나, 평범한 일상에 내 의견이나 경험, 생각들을 덧붙여 관심 콘텐츠로 재가공하는 노력을 꾸준히 해나가야 합니다.

👍 유튜브 관련 정보는 유튜브 검색으로

너무 당연한 이야기지만, 유튜브 플랫폼이나 주제, 콘텐츠, 검색최적화 등에 관한 정보나 콘텐츠는 일반 검색엔진보다는 유튜브에서 검색했을 때 훨씬 더 잘 나옵니다. 주로 블로그를 운영하던 사람은 습관적으로 '유튜브 개설비법' 등의 정보를 네이버에서 검색하곤 하는데 의외로 관련 콘텐츠를 찾기가 어렵습니다. 심지어 유튜브 검색최적화나 채널운영 노하우가 아닌 유튜버들이 자주 사용하는 카메라, 마이크, 조명 등의 방송장비 정보나 영상편집방법 등 아주 기본적인 정보들조차 네이버에서는 아무리 검색해봐도 쓸 만한 콘텐츠를 거의 찾을 수 없습니다.

이와 같이 블로그 검색결과에 유튜브 관련 콘텐츠가 적은 이유는 블로거의 상당수가 기존에는 블로그 운영에만 집중하여 아직 유튜브에 대해 잘 몰라서이기도 하고, 유튜브만 운영하는 유튜버들은 블로그 채널 자체를 이용하지 않아서이기도 합니다.

반대로 유튜브에는 '블로그 잘하는 법' 등의 정보가 꽤 많이 있습니다. 이는 기존에 블로그 운영경험이 많은 운영자들이 유튜브로 플랫폼을 옮기면서 블로그 운영에 관한 경험이나 지식을 유튜브 콘텐츠 소재로 활용하고 있기 때문입니다.

그런데 유튜브 채널 개설에 필요한 정보나 채널 운영에 관한 정보를 검색할 때 이용자들이 고민하는 사항이 있습니다. 통상 문자와 사진으로 구성된 SNS 플랫폼에 비해, 유튜브에서는 영상을 봐야 하기 때문에 원하는 정보를 얻는 데까지 상대적으로 시간이 많이 든다는 것입니다. 이럴 때는 다음 그림처럼 영상 화면 오른쪽 설정창에 들어가서 재생속도를 2배로 조정하면, 어지간한 영상은 5분 이내에 무리 없이 듣고 이해할 수 있으니 꼭 활용하기 바랍니다.

지금까지 유튜브 채널 알고리즘과 검색최적화, 채널 성장 노하우에 대해 간단히 알아봤는데요, 결국 유튜브 역시 노출확률과 시청시

<출처 : 'PPT썸네일' 유튜브채널>

간을 높이려면 기술적인 노하우뿐만 아니라 시청자들에게 필요한 정보(꿀팁 등)와 함께 시청자 눈높이에 맞춘 공감콘텐츠를 제공하는 것이 중요합니다. 또한 1~2가지 카테고리를 정해서 전문성 있는 킬러 콘텐츠를 꾸준하게 업로드함으로써 다음 영상에 대한 기대감을 줘야 중·장기적으로 채널 구독자를 늘릴 수 있습니다. 결국 유튜브를 잘하는 핵심 역량은 기술적인 노하우와 더불어 영상 콘텐츠 소재를 지속적으로 발굴하고, 이를 대본으로 써내거나 말로 풀어내는 능력, 즉 스토리를 만들고 공감콘텐츠를 만드는 근육을 키우는 것이라고 할 수 있습니다.

유튜브 광고수익(애드센스)을
창출하는 방법

👍 광고수익을 얻기 위한 초기조건 달성하기

유튜브 광고를 통해 수익을 얻으려면 1년 내에 구독자 1,000명, 시청시간 4,000시간을 채워야 합니다. 이는 콘텐츠 제작능력을 갖추고 있고, 블로그 등 기존 SNS 채널에서 팬층을 확보한 운영자라면 그리 어려운 일이 아닐 수 있지만, 대다수 초보 유튜버들에게는 생각 이상으로 어려운 목표일 수 있습니다. 만일 어떻게 해도 구글 애드센스 광고수익의 최소조건을 채우기 어려운 초보 유튜버라면, 일반적인 방법은 아니지만 다음과 같은 방법이라도 활용해서 해당 조건을 충족시켜볼 수 있습니다.

위에서 언급한 목표 시청시간을 기간 내에 달성하려면 산술적으로 하루에 666분이라는 적지 않은 시간을 채워야 합니다. 따라서 초보 유튜버라면 초기 시청시간을 확보하는 차원에서 의도적으로 15~20분짜리 다소 긴 시간의 영상을 3~4개 정도 만들어서 재생목록 전체 동영상 재생시간을 1~2시간 정도 되도록 구성하는 것이 좋습니다. 그런 다음 가족이나 지인들에게 채널의 재생목록에서 '모두 재생'을 클릭해 재생목록 내 동영상이 모두 재생되도록 틀어 놓고 일을 보라고 구체적으로 요구하거나, 친구를 만나는 커피숍이나 술자리 등에서도 함께 있는 사람들에게 휴대전화로 전체 재생목록을 재생시키게 해놓고 대화를 나누는 것도 하나의 방법입니다.

또한 라이브 방송(보통 1~2시간)도 시청시간에 포함되므로, 유튜브를 처음 시작한 유튜버끼리 라이브 방송을 이용해서 서로의 채널을 끝까지 시청해주고 진심으로 평가·피드백해줌으로써 각자의 노하우도 공유하고 시청시간도 늘리는 방법을 활용해도 좋습니다.

👍 유튜브 구글 애드센스 이해하기

유튜브 광고도 일반 광고와 마찬가지로 광고주가 유튜브에 광고비를 지급하고 광고를 의뢰하면, 해당 제품 등의 타겟 소비자층에 적합한 유튜브 채널에 광고가 노출됩니다. 그리고 시청자가 영상을 시청하면서 광고를 보는 대가로서 광고주가 지급한 광고비가 유튜브를 통해 해당 채널(유튜버)에 지급되죠. 이때 광고비의 45%는 유튜브가 가져가고, 해당 유튜버는 구글 애드센스를 통해 나머지 55%를 지급받게 됩니다. 이밖에 구독자의 기부금(슈퍼챗)의 경우 유튜브와 유튜버가 30:70의 비율로 분배합니다.

유튜브 광고는 자동입찰 시스템으로 운영되는데, 광고단가는 CPM(Cost Per Mille, 천 명당 도달비용)으로 산정되므로 CPM 단가에 따라 광고 총수익이 결정됩니다. 이때 10분 이상의 영상에는 광고를 여러 개(최대 3개) 삽입할 수 있으나, 영상의 재생시간이 너무 길면 시청자들이 이동 중에 시청하기 불편하고 시청지속시간도 줄어드므로 가능한 한 영상을 10분이 조금 넘는 정도로 제작하는 것이 좋습니다.

광고수익을 얻기 위해서는 기본적으로 구독자수와 조회수가 높아야 하지만, 유튜브 알고리즘이 선정적인 영상이나 제목과는 상관없는 영상에 대해서는 조회수를 아무리 높여도 유튜브 광고를 잘 노출시키지 않거나 광고단가를 낮게 책정하는 방식으로 작동한다는 점에 유의해야 합니다.

결국 광고비와 직접적으로 관련이 있는 것은 '영상시청시간'입니다. 영상시청시간이 길면 유튜브 알고리즘이 해당 영상의 퀄리티가 높다고 판단해서 검색에 따른 상위노출 확률이 높아지고 추천영상에 노출될 가능성도 높아지기 때문입니다. 이렇게 되면 당연히 광고노출이 많이 되고 광고시청이 이루어지므로 수익이 높아집니다. 여기에 더해 한 분야에서 양질의 콘텐츠를 지속적으로 올리게 되면 상대적으로 광고단가를 높게 입찰받을 수 있습니다.

또한 유튜브 광고수익은 주 시청자층의 구매력과 광고가 스킵되지 않고 집행되는 횟수, 연중 시즌 이슈, 지역별 차이(동남아 국가보다 영어권 국가 CPM이 2~3배 높음. 한국은 평균 CPM이 1~2달러이며, 영미권은 평균 5~6달러 정도)에 따라 달라지기도 합니다. 따라서 채널 구독자수 및 조회수가 같아도 채널마다 광고수익이 달라질 수 있습니다.

예를 들어 비슷한 구독자수를 가진 A와 B라는 채널이 있는데, A 채널은 지역이 미국이고 주로 고가의 가전제품 리뷰를 다루고 있고, B 채널은 지역이 한국이고 주로 젊은 대학생 타겟의 연애사를 다루고 있다고 가정해보겠습니다. 이런 경우 영어권 국가에 기반을 두면서 주 시청자층의 구매력이 더 큰 A 채널이 B 채널에 비해 평균 CPM이 높기 때문에 광고 총수익도 더 많이 얻는다고 볼 수 있습니다.

4장

왜 SNS 플랫폼인가?

마케팅 커뮤니케이션 수단으로서의
SNS의 의미

SNS(Social Network Service)의 일반적인 의미는 이렇습니다.

온라인 또는 모바일 공간에서 공통의 관심이나 활동을 지향하는 사람들이 일정한 시간 이상 정보교환을 수행함으로써 대인 관계망을 형성하도록 해주는 온라인 또는 모바일 플랫폼의 총칭

넓게 보면 자신의 생각, 의견, 경험, 관점 등을 공유하기 위한 미디어 플랫폼인 소셜 미디어도 SNS에 포함되는 개념으로 볼 수 있습니다. 이런 관점에서 블로그, 카페, 카카오톡, 페이스북, 인스타그램, 유튜브 등이 모두 대표적인 SNS 플랫폼에 해당됩니다.

SNS 마케팅은 제품이나 서비스에 대한 정보를 SNS라는 플랫폼을 통해 고객에게 전달하거나, 나아가 고객의 구매욕구를 자극해서 판

매까지 이어지게 하는 일련의 흐름을 관리하는 것을 의미합니다.

이러한 SNS 마케팅 활용대상에는 기업 브랜드 제품뿐만 아니라, 중소상공인이 만드는 다품종 소량생산 상품, 전문 지식이나 능력(법률, 부동산, 증권, 강의, 광고대행 등)을 제공하는 무형의 서비스 상품까지 포함됩니다.

만일 유튜브처럼 SNS 채널 자체가 광고수입을 얻기 위한 미디어가 된다면 해당 채널에서 운용하는 콘텐츠 자체가 마케팅 활용대상이 될 수 있습니다. 만일 SNS 채널 자체가 광고 미디어가 된다면 콘텐츠 자체도 무형의 서비스에 포함되겠죠. 여기에 특정 대상층에 대한 개인의 퍼스널 브랜딩도 SNS 마케팅 활용대상으로 볼 수 있습니다.

👍 마케팅판을 뒤흔들어놓은 SNS의 등장

1980년대 후반에 휴대전화, 인터넷 등이 등장하면서 개인이 다른 사람과 접촉하거나 관계를 맺을 수 있는 기회가 늘어났습니다. 특히 가입과 활용이 쉬운 SNS가 출현하면서 장소와 시간을 가리지 않고 많은 사람들과 비교적 짧은 시간에 소통할 수 있는 세상이 열리게 됐습니다. 네트워크 이론의 대가 스탠리 밀그램 교수가 1960년대에 제시했던 '강력한 허브만 존재한다면, 여섯 다리만 거치면 세상의 그 누구와도 연결될 수 있다'는 '좁은 세상(Small world)' 이론이 반세기가 지난 지금 이뤄진 셈입니다.

굳이 거창한 이론을 들먹이지 않더라도 SNS의 영향력은 가히 상상을 초월합니다. 싸이를 시작으로 전 세계 팬들에게 K팝과 K컬처를 전

파하고 있는 BTS, 블랙핑크 등은 기존 주류 미디어보다는 유튜브 등 SNS를 통해 영향력을 극대화한 사례로 볼 수 있습니다. 판문점에서 북미 정상이 만난 드라마틱한 사건도 트럼프 대통령이 김정은에게 '판문점에서 한 번 보고 싶다'고 보낸 트윗 한 방으로 이뤄졌습니다.

마케팅 측면에서도 SNS의 등장은 판매자와 소비자의 근본적인 관계를 바꿔놓는 계기가 됐습니다.

기존의 집중 미디어 시대에는 특정 집단이나 기업이 매스 미디어를 통해 독점하던 정보를 일방적으로 소비자에게 전달했으며, 소비자는 공급자의 메시지를 수동적으로 받아들일 수밖에 없었습니다.

하지만 시간과 공간의 제약없이 스마트폰을 통해 콘텐츠를 접하고 소비하는 분산 미디어 시대가 되면서 소비자들은 공급자와 비슷한 수준의 정보를 얻고, 대형 공급자나 생산자들과 쌍방향으로 커뮤니케이션을 하는 동등한 위치에 서게 됐습니다.

여기서 한발 더 나아가 지금은 파워 블로거, 인스타그래머, 유튜버처럼 고객이 단순히 제품을 구매하는 입장에 머물지 않고 본인만의 채널을 통해 직접 광고 미디어로서의 영향력을 발휘하면서 수익을 창출하기도 합니다.

따라서 기존의 마케팅이 소비자의 니즈를 파악하고 그것을 만족시키는 데 집중했다면, 이제는 SNS상에서 소비자의 결정에 영향을 미치는 수많은 관계들의 상호작용에 관심을 가져야 합니다. 그런 상호작용 과정에서 소비자의 마음 속에 있는 의도나 구매의향 등이 SNS를 통해 드러나기도 하고, 심지어 SNS 채널 자체가 홍보나 마케팅 수단이 되기도 하기 때문입니다.

SNS는 소비자들의 구매행동을
어떻게 변화시켰을까

SNS를 마케팅 수단으로 활용하려면 소비자 구매행동 프로세스상에서 마케팅 커뮤니케이션의 역할을 이해할 필요가 있습니다. 소비자 구매행동 프로세스란 '소비자가 제품이나 서비스를 구매하는 데 있어서 어떠한 패턴을 갖고 행동하는지 알기 쉽게 정리해놓은 모델'이라고 보면 됩니다. 평소 여러분이 어떤 과정을 거쳐 상품을 구매하고, 그 과정에서 광고 미디어가 어떤 역할을 하는지를 생각해보면 쉽게 이해할 수 있습니다.

공급자가 제품이나 서비스를 알리고 판매하는 데 있어서 광고는 이런 수순의 역할을 하게 됩니다.

다양한 광고 플랫폼을 통해 정보가 없는 소비자에게 제품이나 브랜드 인지시키기 → 제품이나 브랜드의 호감도를 증대시켜 구매의향 자극하기 → 초기 구매 유도하기 → 구매 이후 재구매 유도 및 제품 후기 확산

👍 인터넷 등장 이전의 소비자 구매행동 모델

소비자 구매행동 프로세스는 광고 커뮤니케이션 수단의 발달에 따라 조금씩 변화하는 과정을 겪었습니다. 전통적인 소비자 구매행동 모델의 시초는 1920년대 미국의 경제학자 로랜드 홀이 발표한 'AIDMA 모델'입니다. AIDMA란 Attention(주의)-Interest(관심)-Desire(욕구)-Memory(기억)-Action(행동)의 약어로, 소비자가 어떤 제품이나 서비스에 주의와 관심을 갖게 되면 사고 싶은 욕구가 발생하고, 이를 기억하고 있다가 실제 구매행동으로 이어진다는 개념을 갖고 있습니다.

AIDMA 모델은 매스 미디어가 핵심적인 마케팅 커뮤니케이션 수단으로 통용된 수십년 동안 소비자 구매행동을 설명하는 대표적인 모델로 인정됐지만, 인터넷의 등장으로 소비자 구매행동을 더이상 제대로 설명하지 못하는 한계를 드러냄에 따라 그 유용성이 점점 떨어지게 됐습니다.

👍 인터넷 등장 이후 소비자 구매행동 모델의 단계적 변화

이처럼 인터넷이라는 마케팅 수단이 생기면서 소비자 구매행동 모델도 단계적 변화를 겪었습니다.

초기 인터넷 시대의 대표 모델이 'AISAS'입니다. AISAS 모델은 Attention(주의)-Interest(관심)-Search(검색)-Action(행동)-Share(공유)의 약자로, 주의와 관심단계까지는 AIDMA 모델과 같지만 이후 단계에는 차이가 있습니다. 관심 이후에 인터넷으로 제품의 정보나 가격 등을 검색(Search)하는 단계가 이어지고 그 정보의 결과물을 통해 구매(Action)하고, 구매 이후 다시 인터넷을 통해 제품에 대한 자신의 의견이나 생각을 공유(Share)하는 방식으로 이어집니다.

하지만 다양한 SNS 플랫폼이 생겨나면서 AISAS 모델도 소비자 구매행동을 적확하게 설명하기 어려워졌습니다. 검색 이후 구매행동을 했던 소비자들이 바로 구매행동(Action)을 하지 않고 다양한 SNS

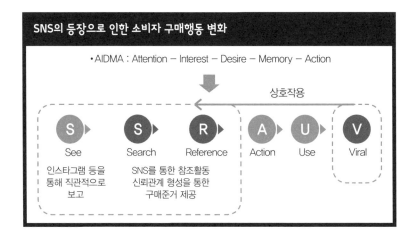

를 통해 '참조(Reference)활동'을 하고 나서야 비로서 구매하게 됐기 때문이죠. 대부분의 소비자들이 구매 전에 SNS에서 비슷한 성향을 가진 소비자들의 구매행동, 사용후기, 추천 등을 적극적으로 참조하는 활동을 필수적으로 하게 된 것입니다.

초기 인터넷 시대에는 소비자들이 가격이 저렴하고 구매에 따른 위험부담이 상대적으로 적은 생필품이나 간편의류 등은 바로 구매하는 경향이 강했습니다. 그런 제품들은 혹시 잘못 사더라도 버리고 다시 사면 된다고 생각했기 때문이죠.

하지만 SNS 및 모바일 커머스 플랫폼이 발달하면서 이제는 대부분의 소비자들이 몇천 원짜리 제품이라도 구매후기나 상품평을 충분히 읽고 비교하면서 꼼꼼한 구매를 하고 있습니다. 때로는 상품평이나 구매후기 개수까지도 구매행동에 결정적 영향을 미칩니다. 명품이나 보석, 고가의 디지털 장비, 피부성형 등의 고관여제품군이라면 SNS를 통해 비교 검토하는 참조활동의 범위가 더욱 넓고 깊어지며 그만큼 구매하기까지의 시간이 길어질 수밖에 없습니다.

이렇듯 SNS가 대부분의 상품에 대한 실제 소비자 구매의향을 자극함으로써 매출에 결정적인 영향을 미치게 됨에 따라 등장한 소비자 구매행동 모델이 바로 'SSRAUV 모델'입니다. 이 모델은 소비자 구매행동이 See(보기)-Search(검색)-Reference(참조)-Action(행동)-Use(사용)-Viral(확산)로 이어진다는 개념을 가지고 있습니다.

👍 SNS 콘텐츠가 검색 이후 구매행동에 미치는 영향

건강식품에 관심이 있는 소비자를 대상으로 한 다음 구조도를 보면 SNS 콘텐츠가 광고 미디어로서 검색 이후 실제 소비자의 구매과정에 어떤 영향을 미치는지 좀 더 명확하게 알 수 있습니다.

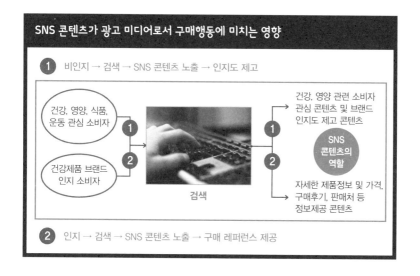

먼저 건강식품에 대한 정보가 없는 소비자라면 건강에 대한 다양한 정보(운동, 식품, 건강식품 등)를 검색해볼 것입니다. 이런 검색활동으로 정보를 습득하는 과정에서 해당 소비자는 특정 제품이나 브랜드를 알리는 SNS 콘텐츠를 보게 되고 이를 통해 자연스럽게 해당 제품이나 브랜드를 인지하게 됩니다.

만일 특정 건강식품 브랜드를 이미 알고 있는 소비자라면 검색을 통해 해당 브랜드 제품에 대한 상세한 스펙이나, 실제 구매후기, 가격, 판매처 등을 알고 싶어할 텐데요, 이러한 경우에도 소비자는 검색 이후 해당 브랜드 제품 관련 SNS 콘텐츠를 보게 되고 이를 통해 관련 정보를 습득하고 공감한 이후 구매행동을 하게 됩니다. 이때 소비자는 해당 브랜드에서 직접 운영하는 SNS 채널뿐만 아니라 건강 관련 콘텐츠를 주로 운영하는 개인 SNS 채널에 노출되는 광고, 협찬, 리뷰 등을 통해서도 필요한 정보를 얻을 수 있습니다.

아래 표를 보면 위와 같은 사실을 더욱 명확히 이해할 수 있습니다. 50대 여성 400명을 대상으로 건강보조식품 관련 브랜드에 대한 인지경로를 조사한 자료인데, 인터넷 검색, 카페, 블로그를 통해 해당 브랜드를 인지했다고 대답한 비율이 400명 전체 평균 42.5%로 TV, 라디오 같은 매스 미디어를 통한 인지비율 40.5%보다 높습

건강보조식품 관련 브랜드 인지경로 조사 사례

(단위 : 명, %)

사례수	400	18	55	57	270
인터넷 검색/카페/블로그	42.5	33.3	47.3	42.1	42.2
TV/라디오 건강 관련 프로그램	40.5	38.9	47.3	36.8	40.0
약국에서 약사를 통해	29.0	44.4	21.8	33.3	28.5
병원에서 의사를 통해	25.0	50.0	18.2	31.6	23.3
신문/잡지 기사 및 광고	23.8	16.7	20.0	14.0	27.0
주변 친구나 가족	23.5	5.6	34.5	22.8	22.6
제품사이트	15.0	11.1	9.1	19.3	15.6
기타	0.8	0.0	1.8	0.0	0.7

〈조사기준 : 50대 여성 400명〉

니다. 조사대상이 50대 이상 여성이라는 점을 감안하면 20~40대를 대상으로 조사했다면 비율차이가 훨씬 커졌으리라 예상할 수 있습니다.

이렇듯 지금의 소비자들은 검색 이후 비슷한 눈높이의 소비자들이 제공하는 공감 SNS 콘텐츠를 보고 비교 평가를 통해 구매행동을 하는 경향이 강하므로 단순히 소비자 검색에 따른 일방적 제품정보 제공만으로는 구매행동을 유발하기가 쉽지 않습니다. 이것이 바로 공급자 입장에서 더욱 적극적인 SNS 마케팅이 필요한 이유입니다.

👍 '공감'과 '참여'가 더욱 중요해진 SIPS 모델

기존 매스 마케팅의 경우 많은 사람들에게 최소한의 예산으로 효율적으로 메시지를 전달해야 하기에 다른 광고에 비해 소비자의 주의를 끌 수 있는 임팩트 있는 광고가 무엇보다 중요했습니다. 하지만 SNS가 발전하면서 이러한 일방적인 광고 메시지는 소비자에게 가치없게 인식되거나 오히려 반감을 사는 경우가 많아졌습니다. 공급자의 일방적인 메시지보다는 SNS에서의 공감콘텐츠나 공감대가 있는 지인 등의 추천이 훨씬 더 믿을 만하다고 생각하기 때문입니다.

여기서 키 포인트는 바로 SNS상에서의 관계는 '공감'으로 연결돼 있다는 점입니다. '공감'은 꽤 폭넓은 의미를 가지고 있는데요, '같은 내용을 알고 있다, 동의한다'라는 단순한 의미부터, '기쁘다, 슬프다' 등의 감정적인 공감, '유익하다'라는 정보가치적인 공감까지가 모두 공감의 의미에 포함됩니다.

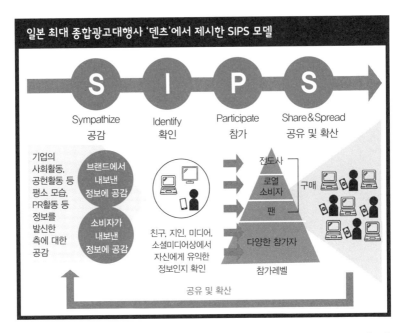

〈출처 : 덴츠 홈페이지(http://www.dentsu.co.jp/sips)〉

'SIPS 모델'은 이러한 '공감' 자체를 소비자 구매행동의 중요한 프로세스로 설명한 모델입니다. 다른 모델들에 비해 '공감'이라는 소비자 행동을 구매에 있어서 가장 중요한 단계로 설정했다는 차이가 있습니다.

또한 기존 모델들이 Action을 구매행동 자체에 무게를 두고 좁게 설명했다면, SIPS 모델에서는 단순히 구매행동뿐만 아니라 '참여(Participate)' 개념을 강조한다는 차이도 있습니다. 참여(Participate)는 소비자들이 보고 전해 들은 콘텐츠를 적극적인 공감·추천을 통해 지인들에게 알리는 활동을 포함합니다. 즉, SIPS 모델에서는 SNS를 통해 얼마나 공감시키고 참여시키느냐가 중요한 요소입니다.

또한 SIPS 모델에는 공감과 참여 사이에 '확인(Identify)'단계가 있습니다. 이는 소비자가 공감한 정보나 상품이 자신에게 정말 필요하고 유익한지를 여러 방법을 통해 활용·체크하는 과정을 말합니다. 당연히 이러한 과정 또한 대부분 SNS를 통해서 이루어지는데요, 사실 기존 모델에서의 참조활동(Reference)에도 넓게 보면 이런 과정이 포함돼 있다고 볼 수 있지만, SIPS 모델에서는 이를 더욱 세분화해서 별도 단계로 설명하고 있다는 차이가 있습니다.

SIPS 모델에 따르면 SNS가 구매 이후 '공유·확산(Share&Spread)' 단계에서도 중요한 역할을 하게 됩니다. 소비자가 구매한 제품에 대한 만족도가 높으면 SNS를 통해 지인이나 관심고객들에게 긍정적인 메시지를 전달함으로써 구매를 유도하거나, 불만고객에게 비슷한 문제해결 사례를 제공함으로써 인지부조화를 해결해주기 때문이죠. 대표적으로 유명 파워 블로거를 통해 특정 제품을 공동구매한 후 서로 구매후기를 공유하거나, 유튜브 채널 구독자들끼리 서로 제품 사용 정보를 공유하는 경우를 들 수 있습니다.

또한 이러한 과정들이 기존 매스 미디어 정보와 결합하게 되면 해당 제품 정보에 대한 신뢰도가 더욱 높아지고 확산이 가속화되는 등의 시너지 효과까지 낼 수 있다고 보고 있습니다.

SNS는 마케팅 수단을 뛰어넘는
무궁무진한 수익창출 도구

구매 행동 프로세스에서 SNS 채널은 채널 운영자의 제품(상품)이나 서비스를 자연스럽게 마케팅하는 창구가 되기도 하지만, 다른 기업의 상품이나 서비스 등을 홍보해주는 광고채널 역할을 하기도 합니다. 이때 광고채널로서의 SNS 채널은 기존 매스 미디어와는 달리 '소비자 공감콘텐츠'를 기반으로 고객맞춤형 마게팅을 실행하는 미디어라는 차이가 있습니다.

또한 판매할 제품이나 서비스가 없더라도 SNS 채널 트래픽만으로 자체 광고수입(구글 애드센스 등)을 얻을 수도 있으며, 각종 체험단 리뷰 등을 활용한 제품협찬이나 부가수익이 발생하기도 합니다. 이런 경우는 채널 내 콘텐츠 자체가 운영자가 공급·판매하는 서비스가 될 수 있습니다.

👍 광고채널로서의 SNS의 개념과 프로세스

광고채널로서의 SNS에 대해 광고의 기본 개념 및 프로세스를 토대로 좀 더 살펴보겠습니다.

SNS 채널 카테고리에 따른 광고단가

온라인이나 SNS 광고를 평가할 때 가장 널리 쓰는 기준은 'CPM(Cost Per Mile, 천 명당 노출비용)'입니다. 쉽게 말해 CPM은 내 콘텐츠가 얼마나 많은 사람들에게 노출(조회)되느냐를 측정하는 수단으로, 이를 근거로 광고운영 플랫폼(네이버, 구글, 유튜브, 페이스북, 인스타그램)이 광고를 집행하는 광고주에게서 예산을 받아 채널 운영자에게 광고비용을 지급합니다. 기존 매스 미디어(TV, 라디오, 신문, 잡지)에서 광고를 평가하는 '시청률(청취율, 구독률)'과 비슷한 개념이라고 보면 됩니다.

CPM은 통상 '천 명당 노출비용'으로 책정되는데, 이때 광고단가는 채널의 카테고리 및 인기도에 따라 차등 적용됩니다. 채널 카테고리에 따라 광고하는 제품의 객단가(고객 1인당 평균매입액)와 해당 제품에 대한 고객 구매력에 차이가 있기 때문이죠. 따라서 채널 카테고리에 맞는 제품의 객단가가 높다면 광고단가가 상승하게 됩니다. 예를 들어 IT 제품의 경우 생필품에 비해 상대적으로 객단가가 높기 때문에 해당 제품과 관련된 콘텐츠를 운영하는 채널에서의 광고단가가 높게 책정될 가능성이 큽니다.

다만 광고단가가 높다고 무조건 좋지만은 않습니다. 일반적으로 객단가가 높은 제품은 수요가 한정돼 있기 때문이죠. 예를 들어 일반 식품은 객단가는 낮지만 고객시장 규모는 넓은 반면, 홍삼 등의 영양 식품이나 유기농식품 등은 가격은 비싸지만 고객시장 규모는 상대적으로 작습니다.

부동산이나 고급 외제차, 병원(성형·피부관리 등), 다이어트제품, 웨딩 서비스, 제2금융권대출, 법률 서비스(개인파산·회생, 이혼상담 등) 등의 경우 고관여제품(서비스)이면서 가격대가 아주 높기 때문에 단순 노출로는 타겟 고객을 설득하기 어렵습니다. 따라서 이런 제품이나 서비스의 경우 'CPA(Cost Per Action) 방식'으로 광고비를 책정·지급하기도 합니다. 즉, CPM 방식처럼 단순 조회수에 의해서가 아니라, 해당 광고나 콘텐츠에 노출된 고객이 실제로 문의전화, 상담, 가입, 제품구매 등의 행동을 할 때마다 광고비를 과금하는 방식입니다.

따라서 채널 운영자 입장에서는 스스로의 전문성과 자원(Resource)을 고려하여 광고단가는 높지만 시장규모와 타겟범위가 한정된 카테고리를 선택할지 또는 광고단가는 낮지만 시장규모와 타겟 고객범위가 넓은 카테고리를 선택할지를 결정하면 됩니다.

다만 SNS 플랫폼의 대중적 특성상 타겟 모수(규모)가 너무 작거나, 너무 전문적인 분야는 지양하는 것이 좋습니다. 만일 특정 분야 일정 수준 이상의 지식·경험을 가진 사람만을 타겟으로 한다면 CPA 방식의 콘텐츠를 만들어내는 블로거나 유튜버를 활용하거나, SNS가 아닌 전문매체, 특정 커뮤니티 서비스, 원투원 마케팅 등을 활용하는 것이 좋습니다.

SNS 채널 운영에 따른 다양한 수익원

일정 수준 이상 성장한 SNS 채널은 구글 애드센스 수익 등 플랫폼 광고수익과는 별도로 기업에서 직접 제품협찬이나 협업을 의뢰하거나, 광고비를 지불하고 광고를 요청하기도 합니다. 이런 경우 공감콘텐츠를 이용해서 소비자들이 거부감없이 자연스럽게 광고를 받아들이는 브랜디드 콘텐츠(콘텐츠 안에 자연스럽게 브랜드 메시지를 녹여내는 것)를 제작하거나, PPL이나 리뷰 등을 통해 추가수익을 창출할 수도 있습니다.

또한 성장한 채널을 기반으로 스마트스토어, 구매대행, 지식상품 판매(강의, 책, 방송출연, SNS 컨설팅) 등 다른 비즈니스로 확장하거나 무·소자본 창업도 할 수 있습니다. 예를 들어 영상제작 및 편집기술을 가지고 있는 운영자라면 클래스 101, 스터디파이, 숨고, 탈잉, 플립 같은 지식·강의 플랫폼에서 관련 강의를 진행할 수도 있고 이후 강의자료를 PDF 파일로 만들어 판매할 수도 있습니다. 또한 해당 강의를 들은 수강자의 초청으로 기업체 강의를 진행할 수도 있으며, 기업에서의 영상제작 외주요청을 받아 비즈니스를 확장하는 기회를 얻을 수도 있습니다.

이런 식으로 SNS 채널운영만 꾸준히 잘해도 콘텐츠의 매력도에 따라 책, 방송, 협찬 등의 의뢰를 받을 수 있고, 나아가 강의를 하거나 채널 운영 컨설팅이나 기업체 운영대행으로까지 성장할 수 있습니다. 투잡에서 N잡, 나아가 독립적으로 무자본 지식창업을 할 수도 있고, 이 모든 것을 시스템화함으로써 적은 시간과 노동 투입으로 많은 수입을 유지(1:N)하는 디지털 노마드의 삶을 실현할 수도 있습니다.

SNS 마케팅을 넘어 SNS 커머스까지

한편 현재는 SNS 마케팅을 넘어, SNS 내에서 정보 획득, 구매, 확산이 모두 가능한 'SNS 커머스'가 자리잡고 있습니다. 대표적으로 페이스북 쇼핑, 인스타그램의 태그쇼핑, 유튜브의 사이트 링크형 태그카드 등이 있습니다. 기존에는 SNS가 주로 특정 상품의 인지도를 제공하여 공감, 구매행동을 유도하는 참조활동의 역할을 했다면, SNS 커머스는 SNS 플랫폼 내에 공유·추천기능뿐 아니라 자체 구매 기능 및 결제수단까지 포함함으로써 모든 소비자 구매행동 프로세스를 완성시킨 개념입니다.

따라서 '마약베개, 악어발팩' 등으로 성장한 '블랭크', 독특한 간식 먹거리로 자리잡은 '쿠캣'처럼, 기존 대형 마켓이나 메인 광고시장에서 다루지 않는 독특한 컨셉의 상품을 개발해서 주요 광고·판매수단으로 페이스북이나 유튜브 등의 SNS를 적극적으로 활용하는 전문 SNS 커머스회사로 성장할 수도 있습니다.

이처럼 SNS 채널 자체가 제품(서비스) 판매 목적의 커머스 플랫폼이 된다면, 좋은 콘텐츠의 기준이 단순한 '공감' 차원을 넘어 '노출, 확산, 공유, 매출' 등 커머스에서의 단계별 목표가 잘 달성되는 판매지향적 콘텐츠가 돼야 할 것입니다.

휴대전화가 없던 시절에는 새로운 이성을 사귀면 헤어질 때 머뭇거리며 전화번호나 집주소를 묻곤 했습니다. 하지만 한두 번 만난 사이에서는 여간해서 전화번호를 가르쳐주지 않았죠. 애써 알려주더라도 '부모님이 계시니 몇시에 맞춰 걸어라', '벨이 3번 울리고 나서 받겠다' 등 제약을 두는 경우가 많았습니다. 그때는 오히려 집주소를 주고받는 경우가 많았는데, 집 안에 한 대 있는 전화로 통화하기가 힘들 뿐더러 마음을 표현하기에는 편지가 더 효과적이라고 생각했기 때문입니다.

또 커피숍이나 카페에서는 수시로 "누구누구 씨 카운터에 전화 와있으니 받으러 오세요"라는 안내 멘트가 나오곤 했습니다. 언제 그런 전화가 올지 모르니 화장실에 가야할 상황이라도 생기면 노심초사하기도 했습니다.

그래서 그 시절에는 헤어질 때 항상 사전에 다음에 만날 장소와 시간을 정했고, 그 시간에 상대가 나타나지 않더라도 '무슨 사정이 있겠지' 하고 마냥 기다려줄 수밖에 없었습니다. 이렇게 서로가 같은 상황이다보니 서로 약속을 더 철저하게 지키려 하고, 설령 상대가 늦더라도 기다려주는 미덕이 있었습니다.

그런데 지금은 어떤가요? 첫 만남에서 전화번호를 주고받는 게 당연한 일이 됐고, 친구나 연인 사이에 하루에도 몇 번씩 전화나 SNS로 서로의 일상을 확인하곤 합니다. 극단적으로 생각하면 잠자는 시간을 빼면 온전히 자기만의 시간을 갖기가 어려울 지경이 됐습니다.

사랑에 키스가 필요하 듯, 마케팅에도 'KISS'가 필요하다

그런데 이렇게 수시로 상대의 일상을 확인할 수 있는 다양한 커뮤니케이션 수단이 있음에도 불구하고 예전에 비해 약속에 대한 소중함, 기다림의 미덕은 오히려 찾아보기 힘들게 되기도 했습니다. 약속에 늦더라도 미안한 마음 없이 '기다리다 전화나 SNS 하게지, 뭐' 하며 대수롭지 않게 생각하는 것이죠.

이러한 SNS로 인한 사람들의 태도변화는 마케팅 측면에도 영향을 미치고 있습니다. 인터넷과 스마트폰을 통해 실시간으로 다양한 정보를 얻을 수 있고, 터치와 클릭만으로 거의 대부분의 상품을 구매할 수 있게 된 소비환경이 소비자들을 더욱더 빠르고 조급하게 구매결정을 하도록 만들고 있는데요, 마케팅 역시 이러한 소비자들의 구매행동 변화에 맞춰 달라질 필요가 있습니다.

상품을 만들면 없어서 못 팔고, 마치 만병통치약을 팔 듯 하나의 상품으로 온갖 것이 다 된다고 홍보하던 시대는 이미 예전에 지나갔습니다. 이제는 어떤 상품이 더 강렬하고 날카롭게 소비자 머릿속에 공감을 주고 각인시킬 수 있는지, 어떤 브랜드가 가장 빠르게 소비자들의 구매 고려 상품군에 자리잡을 수 있을지가 마케팅의 핵심이 되고 있습니다.

세상에는 너무나 많은 상품들이 넘쳐납니다. 소비자들은 상품을 고르기도 지치고 상품마다 각각의 특징을 떠들어대는 목소리에 귀 기울일 여력도 없습니다. 이처럼 소비자들이 하나의 상품에 대한 특징 한 가지에도 귀 기울기 어려워진 상황에서 상품 하나로 이것저것 모든 게 다 된다고 홍보하면 과연 소비자들이 그 상품을 제대로 기억하거나 신뢰할 수 있을까요?

따라서 오늘날 수많은 경쟁자들의 메시지 홍수를 극복하고 소비자에게 다가가려면 상품이나 서비스에 대해 많은 것을 이야기하기 보다는, 단 한 가지만 쉽고 짧게 전달해야 합니다. KISS(Keep It Simple, Stupid!) 법칙을 기억하세요. 한마디로 마케팅 커뮤니케이션의 핵심은 '중요한 것만 남기고 잘 버릴 줄 아는 데' 있습니다.

블로그 글쓰기부터 유튜브 셋업까지
공감콘텐츠 기획의 모든 것!

콘텐츠빨로
승부하는
SNS 마케팅

1판 1쇄 인쇄 2020년 11월 25일
1판 1쇄 발행 2020년 11월 30일

지은이 조재형
펴낸이 송준화
펴낸곳 아틀라스북스
등 록 2014년 8월 26일 제399-2017-000017호

기획편집총괄 송준화
마케팅총괄 박진규
디자인 김민정

주소 (12084) 경기도 남양주시 청학로 78 812호(스파빌)
전화 070-8825-6068
팩스 0303-3441-6068
이메일 atlasbooks@naver.com

ISBN 979-11-88194-23-0 (13320)
값 15,000원

이 도서의 국립중앙도서관 출판시도서목록(CIP)은 서지정보유통지원시스템 홈페이지
(http://seoji.nl.go.kr)와 국가자료공동목록시스템(http://www.nl.go.kr/kolisnet)에서
이용하실 수 있습니다.(CIP제어번호 : CIP 2020047684)